本书是北京市教育委员会社科计划重点项目"北京市高校科技成果转化法律保障机制研究"（项目编号 SZ201910009003）研究成果，由北京市教育委员会社科计划项目资助出版。

王素娟◎主编

GAOXIAO KEJI CHENGGUO
ZHUANHUA FALÜ BAOZHANG JIZHI YANJIU

高校科技成果转化
法律保障机制研究

中国政法大学出版社

2022·北京

声　明　　1. 版权所有，侵权必究。

　　　　　2. 如有缺页、倒装问题，由出版社负责退换。

图书在版编目（CIP）数据

高校科技成果转化法律保障机制研究/王素娟主编. —北京：中国政法大学出版社，2022.4
ISBN 978-7-5764-0425-8

Ⅰ.①高…　Ⅱ.①王…　Ⅲ.①高等学校—科技成果—成果转化—科学技术管理法规—研究—中国　Ⅳ.①D922.174

中国版本图书馆 CIP 数据核字（2022）第 063257 号

出　版　者　　中国政法大学出版社

地　　　址　　北京市海淀区西土城路 25 号

邮寄地址　　北京 100088 信箱 8034 分箱　邮编 100088

网　　　址　　http://www.cuplpress.com（网络实名：中国政法大学出版社）

电　　　话　　010-58908586(编辑部) 58908334(邮购部)

编辑邮箱　　zhengfadch@126.com

承　　　印　　固安华明印业有限公司

开　　　本　　720mm×960mm　　1/16

印　　　张　　12.5

字　　　数　　220 千字

版　　　次　　2022 年 4 月第 1 版

印　　　次　　2022 年 4 月第 1 次印刷

定　　　价　　49.00 元

前 言

　　高校是科技成果转化的重要主体。随着我国促进科技成果转化政策法规的逐步实施，高校的科技成果转化工作进展明显。正如《中国科技成果转化年度报告2020（高等院校与科研院所篇）》所阐述的："各高校院所科技成果转化已进入平稳发展阶段。科技成果转化活动持续活跃……产学研合作稳定增长。"但事物的发展总是遵循"循序渐进"的规律，我国高校科技成果转化工作在发展的同时，也存在着一定的问题，如"科技成果交易额下降、科技成果转化奖励强度下滑"等。

　　问题形成的原因是多方面的，解决问题的具体对策也应涉及多个层次。在解决高校科技成果转化问题的系统工程中，法律保障机制是重要的一环。

　　在本书的研究中，笔者以科技成果转化法律保障机制为中心，从内容方面，对我国涉及科技成果转化的政策、法律、法规、规章等进行了多层次、多角度的梳理，力求总结出我国法律保障机制的内容、特点和存在的问题。在研究方法上，除了课题组成员的工作，我们也以公开招聘科研助理的方式，先后吸收了多名研究生加入课题研究，并有计划、全方位地对学生的研究工作进行了指导：从资料的搜集、归纳、整理，到研究问题的选择、分析，研究报告的撰写、修改等，都离不开导师的指导和学生的努力，切实达到了通过"传帮带"的方式提高学生科研能力的目的。

　　本书从学生完成的研究成果中，选择出有代表性的6篇论文结集出版。内容涉及科技成果的概念、种类，以及科技成果转化方式的立法与实践等。既有对职务科技成果权利归属、利益分享的探索，也有对科技成果证券化等新兴问题的分析；既有立足于高校内部规范的研究，也有通过自己搜集的司法案例，对高校科技成果转化纠纷的剖析。初涉研究领域所形成的文字或许有些"青涩"，但欣喜的是也能从中看到一些不被经验所锢的"火花"。

2020年初暴发的疫情改变了人们的工作、生活，也在一定程度上改变了课题的研究方式。在调研计划多次遇阻的情况下，特别感谢中国科技评估与成果管理研究会、国家科技评估中心、中国科学技术信息研究所等机构每年编辑出版的《中国科技成果转化年度报告》为我们的研究提供的及时、权威的信息；感谢相关科技成果管理部门、信息交流平台和一些高校为我们收集相关政策、法律及高校内部管理规范提供的便利。同时，也特别感谢北京市社科规划项目对本书出版的资助与支持。

2021年9月，疫情仍未离去。但值得欣慰的是，犹如金秋送爽，我们也听到了一系列促进国家发展的振奋人心的消息：9月22日，中共中央、国务院印发《知识产权强国建设纲要（2021-2035年）》，提出"激励创新发展的知识产权市场运行机制"等目标；9月24日，国家主席习近平向2021年中关村论坛视频致贺，指出要"加快建设世界领先的科技园区，为促进全球科技创新交流合作作出新的贡献"。9月27日至28日，中央人才工作会议在北京召开。国家主席习近平出席会议发表重要讲话，强调要"面向世界科技前沿、面向经济主战场、面向国家重大需求、面向人民生命健康""坚持全方位培养用好人才""坚持深化人才发展体制机制改革"等目标和措施。

知识产权、市场运行机制、创新交流合作、人才等是我国经济发展不可或缺的因素，也是促进科技成果转化的重要环节。相信在国家政策的引领下，我国科技成果转化工作会得到全方位的提升，在未来的经济发展中发挥更重要的作用。

王素娟

2021年9月29日北京

目 录

CONTENTS

第一章

科技成果转化立法概况及相关基本问题的立法分析[*]

第一节　我国科技成果转化立法概况

一、法律层面：科技成果转化相关立法

（一）《科学技术进步法》[1]《促进科技成果转化法》

科技成果的转化与我国科技水平、经济实力息息相关，使科技成果更多地被应用于生产发展是最重要的目标。我国促进科技成果转化立法起步较晚，最初是各部门出台各部规章以及一系列政策，之后为了使科技成果转化规范化，我国在 1993 年发布实施了《科学技术进步法》。该法是基于《宪法》第20 条的规定来制定的。宪法作为我国的根本法，其对于科技成果的规定是具体法律制定的基础。宪法鼓励支持发展自然、社会科学，以此为依据，《科学技术进步法》的制定对促进科学技术快速发展，推动科技成果转化起到了规范作用。该法规定了基础研究与基础应用研究、科学研究的经费来源、科研机构的权利义务、促进科技成果转化的保障措施、科技奖励政策等内容，为促进科学技术进步和科技成果转化提供了法律依据。随着经济、社会和科学技术的快速发展，新的问题不断出现，为了更好地适应社会发展状况，我国

---

　*　史琰，北方工业大学 2020 届法学专业硕士研究生。

　〔1〕《科学技术进步法》，即《中华人民共和国科学技术进步法》，为表述方便，本书中涉及的我国法律直接使用简称，省去"中华人民共和国"字样，全书统一，不再赘述。

于 2007 年、2021 年对《科学技术进步法》进行了两次修订，对国家科技等方面遇到的新问题予以规定，使该法的规定更加完善，是我国目前适用于科技成果转化的重要法律依据。

1996 年，我国对科技成果转化进行了专门的立法，颁布实施了《促进科技成果转化法》。作为科学技术研究的后续环节，科技成果转化是提高我国科技生产力、增强经济实力的重要手段。为了使科技成果能够有效地转化为生产力，提高我国的科技成果转化率，该法对科技成果转化活动进行了全方位的规定，通过规范实施组织、措施保障、明确法律责任等为我国科技成果转化提供了法律保障。与《科学技术进步法》相比，这部法律是明确以调整科技成果转化为内容的立法，为规范和调整科技成果转化提供了直接的法律依据。随着社会的发展，针对实践中出现的新问题，我国于 2015 年对《促进科技成果转化法》进行了修正。

综上所述，目前我国直接调整科技成果转化的法律是依据《宪法》制定的《科学技术进步法》《促进科技成果转化法》。

（二）涉及科技成果转化的其他法律

由于科技成果转化涉及多个环节，所以在前述的法律框架下还需要其他的法律规范，以构成法律调整体系。

首先，作为民事基本法，我国于 2020 年颁布的《民法典》为规范科技成果转化提供了法律依据。其中关于技术开发、技术转让、技术许可合同的规定是科技成果转化应遵循的规范，明确相应的权利义务对促进科技成果转化具有积极意义。

其次，《专利法》及《专利法实施细则》也涉及了科技成果的部分内容，如发明和实用新型专利。其对这类科技成果的权利归属等进行了规定，对科技成果转化的立法起到了补充的作用。除此之外，《著作权法》和《著作权法实施条例》对科技作品的权利归属等进行了规定。其保护的是创造科技成果所应用的原理等学术成果，发挥着通过保护科技成果的输入口以保证科技成果的输出的作用。另外，《集成电路布图设计保护条例》《计算机软件保护条例》等也明确了对特定科技成果的保护，对不同类型的科技成果具有积极的规范意义。

二、涉及科技成果转化的法规、规章

上述法律规范从不同角度对科技成果转化进行了规定，除法律层面的规定以外，针对科技成果转化过程中涉及的具体问题，我国出台了一系列政策、法规、规章，在规范科技成果转化方面也发挥了积极作用。如 2016 年，中共中央、国务院印发《国家创新驱动发展战略纲要》、国务院印发《实施〈中华人民共和国促进科技成果转化法〉若干规定》以及国务院办公厅印发《促进科技成果转移转化行动方案》。另外，围绕科技成果转化，科技部、教育部、财政部、国家税务总局等也颁布了相应的部门规章。由于这部分规定数量较多，本书主要将涉及高校科技成果转化的相关规定归纳如下：

颁布时间	发布机关及规章名称
2020 年	1. 科技部、教育部《关于进一步推进高等学校专业化技术转移机构建设发展的实施意见》 2. 科技部等 9 部门《赋予科研人员职务科技成果所有权或长期使用权试点实施方案》 3. 科技部办公厅《关于加快推动国家科技成果转移转化示范区建设发展的通知》 4. 科技部《关于破除科技评价中"唯论文"不良导向的若干措施（试行）》 5. 教育部、科技部《关于规范高等学校 SCI 论文相关指标使用树立正确评价导向的若干意见》 6. 教育部、国家知识产权局、科技部《关于提升高等学校专利质量促进转化运用的若干意见》
2019 年	1. 科技部、教育部《国家大学科技园管理办法》 2. 科技部等 6 部门《关于扩大高校和科研院所科研相关自主权的若干意见》 3. 科技部《关于促进新型研发机构发展的指导意见》 4. 财政部《事业单位国有资产管理暂行办法》 5. 人力资源和社会保障部《关于进一步支持和鼓励事业单位科研人员创新创业的指导意见》
2018 年	1. 教育部《高校科技创新服务"一带一路"倡议行动计划》 2. 教育部、财政部、国家发展改革委《关于高等学校加快"双一流"建设的指导意见》 3. 教育部《高等学校科技成果转化和技术转移基地认定暂行办法》

颁布时间	发布机关及规章名称
	4. 财政部等 4 部门《关于科技企业孵化器大学科技园和众创空间税收政策的通知》 5. 科技部《关于技术市场发展的若干意见》 6. 科技部、财政部、国家税务总局《关于科技人员取得职务科技成果转化现金奖励信息公示办法的通知》 7. 科技部、财政部、国家税务总局《关于科技人员取得职务科技成果转化现金奖励有关个人所得税政策的通知》
2017 年	1. 国务院《国家技术转移体系建设方案》 2. 科技部《国家科技成果转移转化示范区建设指引》 3. 教育部办公厅《关于进一步推动高校落实科技成果转化政策相关事项的通知》 4. 人力资源和社会保障部《关于支持和鼓励事业单位专业技术人员创新创业的指导意见》
2016 年	1. 教育部、科技部《关于加强高等学校科技成果转移转化工作的若干意见》 2. 教育部办公厅《促进高等学校科技成果转移转化行动计划》 3. 财政部、国家税务总局《关于完善股权激励和技术入股有关所得税政策的通知》

上述关于高校科技成果转化的规章内容广泛，既规定了科技成果转化方式、职务成果的权利归属以及奖励、扩大高校的自主权，激发科研人员创新积极性等问题，也对如何建立高校专业化技术转移机构、科技成果转化和技术转移基地等提出了规范意见。这些规定为有针对性地解决目前高校科技成果转化难的问题提供了思路，同时对促进我国高校产学研一体化建设、营造良好的成果转化环境也具有积极意义。

第二节　我国科技成果转化基市概念及分类的立法分析

一、我国法律对科技成果转化相关概念的界定

（一）科技成果的内涵

从字面的角度看，"科技成果"是科学技术成果的简称，"科学"与"技术"是两个不同的概念。"科学"是人类对社会实践经验的概括和总结，通过

科学研究所取得的成果主要是理论研究成果，表现为科学论文、科学著作等。而对于事物的探索，科学方法只是其中一种方式，除了科学，还有其他一些并不属于科学范畴的方法，我们可将其定义为技术。"技术"是人类利用自然、社会中的事物形成新事物，或是改造现有事物的方法，通过技术研究取得的成果，主要是技术资料、材料配方等。[1]人类社会的进步离不开科学技术的推动，而推动社会发展的科技成果应具有实际意义，即实用价值、学术价值，科学成果通常具有学术价值，技术成果通常具有实用价值。科学研究是一个探索的过程，探索未知，从无到有，所以科学成果也具有新颖性和创造性。科学研究提供一个方向、提供一个可能，技术是使科学研究成果变为现实，是将其以一种方式直接应用于实际的过程。由此可见，科学与技术密不可分，在推动人类社会发展的过程中发挥着不可或缺的作用。

从我国的实践状况看，首次对科技成果进行定义的是 1984 年原国家科委《关于科学技术研究成果管理的规定（试行）》（已失效）：科技成果是指对某一科学技术研究课题，通过试验研究、调查考察取得的具有一定实用价值或学术意义的结果，包括研究课题虽未全部结束，但已取得可以独立应用或具有一定学术意义的阶段性成果。1986 年，中国科学院在《中国科学院科学技术研究成果管理办法》中也对科技成果作出了定义："科技成果是指对某一科学技术研究课题，通过观察实验、研究试制或辩证思维活动取得的具有一定学术意义或实用价值的创造性的结果。"

关于科技成果的种类，从 1984 年发布实施的原国家科委《关于科学技术研究成果管理的规定（试行）》（已失效）中我们可以看出，主要包括如下几种形式：①为解决某一科学技术问题而取得的具有一定新颖性、先进性和实用价值的应用技术成果；②在重大科学技术项目研究进程中取得的有一定新颖性、先进性和独立应用价值或学术意义的阶段性科技成果；③消化、吸收引进技术取得的科技成果；④科技成果应用推广过程中取得的新的科技成果；⑤为阐明自然的现象，特性或规律而取得的具有一定学术意义的科学理论成果。[2]

---

〔1〕 李雅、郭亚军、王国辉："高校科技成果统计中几个重要概念辨析与思考"，载《科技管理研究》2011 年第 8 期，第 46~49 页。

〔2〕 刘德刚、牛芳、唐五湘："'科技成果'一词的起源、演变及重新界定"，载《北京机械工业学院学报》2004 年第 2 期，第 38~44 页。

1996 年制定、2015 年修正的《促进科技成果转化法》新增条款，对"科技成果"重新进行了定义："本法所称科技成果，是指通过科学研究与技术开发所产生的具有实用价值的成果……"与之前我国对科技成果的定义相比，该规定对科技成果的要求仅是具有实用价值，对学术价值并没有提出要求。究其原因，主要在于：其一，有利于明确科技成果可以直接应用于生产使用的目的。而仅具有学术价值的科技成果无法达到该目的，若将"学术价值"以"并且"的逻辑关系加入其中无疑会增加负累。其二，我国制定科技成果相关法律的目的是将科技成果转化为现实生产力，从我国相关部门制定的关于科技成果的规章对科技成果的定义我们也可以看出其目的在于促进科技成果的直接转化。如 1991 年原农业部发布实施的《乡镇企业科技成果鉴定规定（试行）》第 2 条规定："本规定所称科技成果，是指以乡镇企业为主研究和开发的，能够推动全国各有关行业及乡镇工业技术进步，具有明显的经济效益、社会效益、生态效益的机械、电子电器、冶金、建材、化工、轻工、纺织、能源、交通等行业的新产品、新技术、新工艺、新材料、新设计以及软科学等方面的成果。成果必须适用于社会主义经济建设，满足人民物质生活需要和国防建设需要，具有新颖性、先进性和实用价值。"该规定体现了科技成果的实用价值要求。

通过以上我国在不同时期对科技成果的定义，我们可以看出科技成果具有以下特征：①科技成果具有新颖性和先进性；②科技成果具有实用性；③科技成果具有可重复性，可重复地制造验证；④科技成果具有确认性，取得的成就应经严格评价，不得随意认定。

（二）科技成果与专利的关系

科技成果和专利的共通之处在于二者都包含了科学技术领域的内容，但是它们又有所区别。总体来看，科技成果与专利是一种相交叉的关系。具体来说，科技成果本身就是通过科学技术研究所形成的成果，因此当然具有科学属性，并且它所涵盖的科学技术领域范围比较广。而专利的范围，依据《专利法》的规定，主要包括发明、实用新型以及外观设计。发明是对产品、方法或者其改进所提出的新的技术方案；实用新型是对产品的形状、构造或者其结合所提出的适于实用的新的技术方案；外观设计是对产品的形状、图案或其结合以及色彩与形状、图案的结合所做出的富有美感并适于工业应用的新设计。如前所述，科技成果应具有实用价值，同时是通过科学研究和技术开发所取得的成果，对应该条件，可以将《专利法》所保护的发明专利和实用新型专利认定为科技成果，但是对于外观设计是否形成科技成果人们的看法不一。有观点认为，由于外观设计不符合后一条件，因而不能成为科技成果。另外，从专利保护的内容来看，虽然专利保护的技术领域比较广，但是《专利法》对不可授予专利权的范围有明确的规定，如出于对国家安全利益的考虑会对一些领域的发明创造限制授权。除此之外，科技成果与专利还有一个明显的区别，以高校科技成果为例，高校科技成果一般都是经过国家、省市的行政部门向高校下发一些关于科技发明的研究计划，这种科技成果的技术规模比较大，所涉及的科研项目也有一定的系统性。但是，对专利技术来说，既可以是单位之间联合开发的发明创造，也可以是个人的发明创造，技术规模可大可小。

（三）科技成果"转化"的内涵认定

关于科技成果"转化"的内涵，《促进科技成果转化法》第2条第2款作出了定义性规定："本法所称科技成果转化，是指为提高生产力水平而对科技成果所进行的后续试验、开发、应用、推广直至形成新技术、新工艺、新材料、新产品，发展新产业等活动。"但值得注意的是，如何理解该条文的内容？学术界对此存在争议。有学者认为上述规定全面、深刻地揭示了科技成果转化的基本内涵，而有学者则认为我国现行法的这一定义不能涵盖科技成果转化过程中出现的所有问题。除此之外，有部分学者将科技成果转化认定为技术创新，认为科技成果转化是使研究、开发出来的成果实现商品化、产业化而进行的科技活动。上述不同观点既相互区别又有相互重叠的内容，它们都在一定程度上反映了成果转化的内在要求。

高校作为国家科学技术创新的重要力量之一，其科技成果转化除了具有一般的性质，还具有自己的特点。高校科技成果转化是高校为了增强国家经济实力，将主要以知识形态为特征的科技成果经过基础研究、中间试验基地试验等环节，通过技术市场向企业生产转化的过程。这其中的重点是科学技术的可靠性以及科技成果转化过程组织与管理的严密性。因此，可以将高校科技成果转化认定为高校充分利用科研创新的优势，将具有实用价值的科学研究成果通过中间试验等环节转化为产品，使之产品化、商品化、产业化的过程。

二、科技成果的分类

（一）《促进科技成果转化法》的分类

依据不同的标准，该法对科技成果进行了如下划分：

划分标准	具体分类
依据资金来源的不同	利用财政资金完成的科技成果 利用非财政资金完成的科技成果
依据科技成果应用领域的不同	军用科技成果 民用科技成果
从科技成果主体角度划分	职务科技成果 非职务科技成果
依据科技成果完成的状态	独立完成的科技成果 合作完成的科技成果 委托完成的科技成果

财政资金的设立目的是提高高等院校、科研机构和企业自主创新能力，主要用于支持基础研究、应用研究和技术研究开发。国务院办公厅印发的《科技领域中央与地方财政事权和支出责任划分改革方案》确定了中央与地方共同的财政事权。其中，中央财政主要是通过国家级基金引入社会资金投入，地方财政则是各地区依据地方的具体情况运用自主方式引入资金。因此，利用财政资金设立的科技项目创造的成果具有一定的公共性，而对于利用非财政资金完成的科技成果，我国没有对其进行明确的规定，这就造成第一种分类界定不清、范围不确定，实际上无法作为科技成果的分类标准。长期以来，我国军用科技成果转化标准十分严格，实行四证管理制度。这样虽然可以有效地实现军用科技成果的保密性要求，但是其与民用科技成果转化分开管理的方式也会引发一些问题。军民技术相互转移是目前实践探索的一个问题。

《促进科技成果转化法》第 2 条明确规定，职务科技成果是指执行研究开发机构、高等院校和企业等单位的工作任务，或者主要是利用上述单位的物质技术条件所完成的科技成果。可见，区分职务和非职务科技成果是从主体角度予以考虑的，但在实践中，由于相关判定因素难以确定，因此极易造成权利归属的纠纷，进而对之后适用相对应的机制、程序等造成阻碍。

依据科技成果完成的状态，独立完成的科技成果包括个人、研究开发机构、高校、企业独立完成的科技成果；合作完成的科技成果包括企业与境内外企业、事业单位和其他合作者共同完成的科技成果，除此之外，还有企业与研究开发机构、高校及其他组织合作完成的科技成果；农业科研机构、农业试验示范单位独立或者与其他单位合作实施农业科技成果等，合作可以是同领域之间的，也可以是不同领域之间的。委托完成的科技成果，是指一方接受另一方委托进行技术开发等活动而形成的成果。值得注意的是调整该种分类的法律依据，除《促进科技成果转化法》等法律法规，《民法典》关于技术合同的相关规定也是适用该种法律关系的重要依据。

（二）《民法典》的规定

我国《民法典》合同编对技术合同独立一章规定，就是为了解决技术成果的归属与利用问题。技术合同包含多种形式，《民法典》将其分为技术开发合同、技术转让合同、技术许可合同、技术咨询合同、技术服务合同。其中，技术开发合同包括委托开发合同、合作开发合同和技术转化合同，涉及的技术成果为委托开发完成的技术成果和合作开发完成的技术成果；技术转让合同和技术许可合同涉及的技术成果包括技术秘密、集成电路布图设计、植物新品种、计算机软件，这三种技术成果是技术合同内容的扩展。除此之外，《民法典》还对后续技术成果作出了规定，后续技术成果是在原有技术成果上进行改进所完成的技术成果，实际上不是一种新类型的技术成果。

由上述分析我们可以看出，在《民法典》的框架下，我国并没有对技术成果进行明确的分类，而是从技术合同的角度分类规范了相应的法律关系。

（三）相关行政法规、规章的分类

关于科技成果方面的行政法规主要是由国务院颁布实施的，有些规定中也涉及了对科技成果的分类问题。如国务院办公厅印发的《科技领域中央与地方财政事权和支出责任划分改革方案》将科技成果分为基础研究成果、应用研究成果和研究开发成果。基础研究成果主要是理论性的研究成果，具体可以分为两类：一类是自然科学类基础研究成果，这种研究成果是通过观察自然界发现其规律并以此形成的基础理论研究；另一类是社会科学类基础研究成果，其是通过对生产过程中产生的科学技术问题进行研究，创造出相对应的可以应用于生产力发展的手段或方法。虽然这种基础研究成果也是解决生产中产生的问题，但是其与应用研究成果相区别。应用研究成果是在基础研究成果的基础上创造出的可以应用于生产的新技术、新材料等成果。与基础研究成果、应用研究成果相比，研究开发成果更进一步，是运用基础研究成果和应用研究成果，对生产技术等问题进行研究所取得的新产品、新材料等成果，基本上可以被直接应用于生产。这种分类是依据科学技术不同研究阶段取得研究成果的形式进行的，是目前最常应用的分类形式。

在涉及科技成果转化的行政法规中，国务院《关于全面加强基础科学研究的若干意见》、国务院《实施〈中华人民共和国促进科技成果转化法〉若干规定》和中共中央办公厅、国务院办公厅《关于实行以增加知识价值为导向分配政策的若干意见》也均是以这种科技成果分类方式对科技成果转化进行规定的。当然，也有个别的法规是从应用领域的角度来讨论科学技术成果的。如国务院办公厅发布实施的《促进科技成果转移转化行动方案》中社会公益领域、民用领域、军用领域以及融合领域等的科技成果的转化应用。这种分类方式普遍存在于行政法规和部门规章中，是法规、规章为了达到特定目的，对个别领域的科技成果转化的调整。

为了促进科技成果转化，国务院各部门根据各自主管范围制定的规章，包括鉴定工作、推广办法、激励政策等。通过对各部门规章的研究发现，针对规章不同的制定目的，对科技成果的划分有所不同。如在涉及科技成果鉴定工作的规章中有对科技成果类别的区分：在医药产业中，1989 年发布实施的《科技成果鉴定管理办法（试行）》将科技成果划分为科学理论成果、应用研究成果、软科学研究成果。药品、医疗器械领域内的科学理论成果是指医药基础理论研究成果和应用理论研究成果；对于应用研究成果仍然要求其必须是具有新颖性、先进性和实用性的新技术、新工艺、新材料等方面的医药科技成果；软科学研究成果，即本书前面提到过的社会科学研究成果，应当是能够有利于促进医药行业决策科学化以及管理现代化的科技成果。1994年颁布的《科技成果鉴定规程（试行）》是为了规范科技成果鉴定的操作程序而特别制定的。该规章明确列举了不组织鉴定的几类科技成果。这几类科技成果是依据科技成果的性质进行划分的，即基础理论研究成果、应用研究成果、软科学研究成果。

综上所述，可以看出，我国目前的法律法规及规章对科技成果有不同的分类方式，而实践中最常采用的是依据科技成果性质进行的分类，即通常分为基础研究成果、应用研究成果和技术开发研究成果。基础研究成果具体可被分为揭示自然界中所存在的联系和规律、对生产过程中遇到的科学技术问题进行研究而取得的可直接应用的研究成果，基础研究成果是最为基础的科学技术成果，通常对科学技术领域有深远的影响，其一般表现为具有普遍性和通用性的理论、定律等。应用研究成果是运用基础研究成果，对实际生产问题进行研究所形成的物质、方法技术，其表现形式是具有创新性、实用性的科技发明、重大技术改造等，如新技术的原理等。技术开发研究成果是运用前述两种研究成果，研究生产中出现的科学技术问题所取得的成果，其主要表现为新产品、新工艺、新材料等。

第三节　我国法律对科技成果转化法律责任的立法分析

一、相关立法规定

法律责任是相关法律主体对其违法行为所应承担的具有强制性的法律后果。在科技成果转化的法律责任中，依据责任性质的不同可以分为民事责任、刑事责任和行政责任三种形式。

（一）法律层面的规定

1. 《民法典》关于技术合同法律责任的规定

《民法典》是一部调整平等主体之间人身关系和财产关系的法律规范。平等主体之间产生的纠纷属于民事纠纷，由此产生的责任当然是民事责任。民事责任包括侵权责任和因合同引起的民事责任。侵权责任是民事主体实施侵权行为，造成其他主体的合法权益受到损害所应承担的民事责任。由合同引起的民事责任包括无效合同引起的责任、缔约过失责任和违约责任。其中，缔约过失责任是一方当事人在订立合同过程中违背义务，导致另一方基于诚实信用原则的信赖利益遭受损失而应承担的损害赔偿责任。违约责任是指双方当事人对于一方不履行合同义务或者履行合同义务不符合合同约定，依法应当承担的民事责任。

我国《民法典》规定的科技成果转化的法律责任主要体现在合同编的技术合同一章中。该章规定了技术开发、技术转让、技术许可、技术咨询和技术服务等合同形式，并对各类合同作出了具体规定。在科技成果转化过程中，因技术合同签订、履行等产生的纠纷，可依据《民法典》的规定，适用赔偿损失、支付违约金等民事责任形式。

2.《促进科技成果转化法》的规定

《促进科技成果转化法》对法律责任作出了专章规定，内容涉及以下几个方面：

（1）未依照规定提交科技报告、汇交科技成果和相关知识产权信息的行为。依照《促进科技成果转化法》的规定，对该行为应予以责令改正和通报批评。这种行为的主体为利用财政资金设立的科技项目的承担者，一般为国家设立的研究开发机构、高校和企业等单位。责令改正是行政主体责令违法行为人停止违法行为，具有事后救济性，与行政处罚相区别。《行政处罚法》规定了七种行政处罚，"责令改正"并不在其中，应属于行政处分。但在实践中，一些行政机关把"责令改正"纳入了行政处罚决定书的处罚种类。通报批评是典型的行政处罚，属于行政处罚中的荣誉罚。荣誉罚是行政机关对违法行为人公开警告，对其名誉、荣誉等利益造成一定损害的行政处罚。

（2）弄虚作假，采取欺骗手段，骗取奖励和荣誉称号、诈骗钱财、非法牟利的行为。科学技术奖励政策包括科学技术荣誉称号和科学技术奖。科学技术荣誉称号和奖励是国家授予给对科学技术有推进作用的公民或组织的。荣誉称号和奖励需要申报和评定，在申报和评定时要求实事求是，不得弄虚作假。弄虚作假的行为违背了科技活动的基本原则，即"追求真理，反对谬误"，同时也有碍科学技术的进步。对于违反这一原则的行为，主管部门采取"责令改正，取消该奖励和荣誉称号，没收违法所得，并处以罚款"的行政处罚。采取欺骗手段将他人科技成果当作自己的科技成果，给他人造成经济损失的，可依法承担民事赔偿责任。如果符合犯罪的成立要件，构成诈骗罪的，还需依法追究刑事责任。

（3）故意提供虚假的信息、实验结果或者评估意见欺骗当事人的行为。评估意见是科技成果鉴定的一种形式，是由科技成果评估鉴定机构对科技成果进行的评价。在检测鉴定中弄虚作假、欺骗他人违背了科技成果鉴定工作的原则和宗旨，因而科技服务机构及其从业人员故意违反行为要求的，有关主管部门应当给予责令改正、没收违法所得等行政处分；给他人造成经济损失的，依法承担民事赔偿责任；构成犯罪的，依法追究刑事责任。

（4）泄露国家秘密、商业秘密、单位技术秘密的行为。根据《保守国家秘密法》的规定，对违反该法规定泄露国家秘密情节一般的给予行政处分，但是情节严重构成犯罪的，认定为泄露国家秘密罪，依法承担刑事责任。所谓"情节严重"，应首先从客观方面、事实情节方面进行确认，其次则从主观方面进行分析认定，对相关行为主体泄密基于故意还是过失、动机为何进行判断。泄露国家秘密最高可被判无期徒刑。泄露国家秘密这一行为不存在民事法律关系，因此也就不涉及民事法律责任。

商业秘密是企业的财产权利，它关乎企业的竞争力。商业秘密被泄露的，泄密者可能承担民事责任、刑事责任和行政责任。如果有保密协议或条款的存在，行为人违反保密义务则构成违约，依法应当承担违约责任，权利人可以向人民法院提起诉讼，请求行为人承担停止侵害、消除影响和赔偿损失等民事责任。权利人认为商业秘密受到侵害的，也可以请求工商行政管理部门申请查处，有关部门可根据泄露秘密的具体情况，对泄密者进行罚款等行政处罚。如果情节严重构成侵犯商业秘密罪，依法追究刑事责任。单位技术秘密与国家秘密中的技术秘密不同，对于泄露单位内部的技术秘密的行为人要求其承担违约责任，或给予行政处分。当单位技术秘密的内容可能涉及国家安全或重大利益的时候，则按照国家的有关规定处理。

（5）滥用职权、玩忽职守、徇私舞弊的行为。各级科学技术行政部门和其他有关部门及其工作人员在科技成果管理过程中滥用职权、玩忽职守、徇私舞弊，导致科技成果转化的工作无法正常进行，给国家和社会造成重大损失的，依法给予行政处分；构成犯罪的，依法追究刑事责任。滥用职权、玩忽职守和徇私舞弊是不法行使职务权限的行为，从形式上来看属于国家机关工作人员一般职务权限的事项，对于这类行为首先适用行政责任。另外，《刑法》中也有对该行为的规制，当违法行为致使国家、社会或个人遭受重大财产损失构成犯罪时，应依法追究刑事责任。

（6）以唆使窃取、利诱胁迫等手段侵占他人科技成果的行为。随着科技体制改革的不断推进，我国科技成果转化活动日趋活跃，同时出现了一些侵犯权利人科技成果的情况。这些违法行为不仅损害权利人的合法权益，而且不利于市场秩序的稳定。因此，《促进科技成果转化法》针对市场竞争中出现的唆使窃取、利诱胁迫侵占他人科技成果的行为作出了规定。在侵占他人科技成果的行为中，以唆使窃取的手段侵占他人科技成果是比较恶劣的一种行为方式。盗窃他人科技成果能否构成《刑法》所规定的盗窃罪值得商榷。从一般原理角度分析，盗窃罪的客体是有形财产的所有权，其既遂的标准是使所有权人处于对财产无法掌控的状态，科技成果是无形资产，窃取无形财产不会导致权利人丧失对科技成果的控制。从这一角度看，侵占他人无形的科技成果无法达到刑法保护的范围。但是从另一种角度来看，盗窃有形财产会使所有权人遭受经济损失。同样，侵占无形科技成果财产，也会使权利人因为丧失竞争优势而遭受经济损失。由此，我国在制定相关法律时，不仅可以规定违法行为人应承担民事责任、行政责任，同时适用刑事责任也具有一定的合理性。

（7）职工擅自转让、变相转让职务科技成果的行为和参加科技成果转化的有关人员违反与本单位的协议，在离职、离休、退休后约定的期限内从事与原单位相同的科技成果转化活动的行为。这两种违法行为所造成的后果均是对权利人民事权利中经济利益的侵害。因此，法律规定行为人对因此造成的经济损失应承担民事赔偿责任。另外，根据不同情况，权利人有权要求行为人承担其他民事责任，如停止侵害、消除影响等。违法行为如果构成犯罪的，还应承担刑事责任。[1]

通过对以上法律规定的具体内容分析，首先，因为《民法典》是就技术合同规定了法律责任，所以该部法律中的法律责任仅仅是民事责任，并且主要是违约责任，当然还规定了侵权责任。违约责任主要是对一方不提供技术资料、不承担保密义务，或不按约交付费用、超范围使用、不承担保密义务的行为进行限制。侵权责任则是对行为人的行为进行归责。法律在赋予行为人一定权利的同时也需平衡其他人的利益，行为人的行为不得损害其他人的合法权益，否则将承担侵权责任。其次就是《促进科技成果转化法》，上述行为所对应的法律后果，依据行为主体的不同，所承担的责任也不尽相同。其行为主体可以被分为行政主体和民事主体。行政主体包括行政机关和被授权的组织，行为人实施违法行为在涉及行政法律关系时需承担行政责任。从该法中我们可以看到，承担相应行政责任的主体为科学技术行政部门和其他有关部门及其工作人员、科技服务机构及其从业人员以及国家设立的研究开发

---

[1] 张黎："非法窃取、泄露技术秘密，如何承担法律责任?"，载《中国科技信息》1993年第11期，第25～26页。

机构、高校。对于他们所从事的违反法律规定的行为在不涉及第三人的情况下一般予以责令改正、通报批评，涉及非法收益的予以没收、罚款。总的来说，我国对科技成果转化过程中的行政责任规定得并不严苛。在行为触及第三人合法权益的情况下，无论是民事主体还是行政主体皆可追究民事责任，对达到犯罪程度的行为人追究刑事责任。

另外，《专利法》《中小企业促进法》《气象法》等法律也对科技成果转化法律责任作出了规定，具体的法律责任种类也不外乎上述的几种。如《专利法》规定的有关科技成果转化的法律责任，对于行为人假冒专利的违法行为，行为人承担的行政责任包括行政处分（责令改正）、行政处罚（没收违法所得、罚款）；侵犯民事主体权益的依法承担民事责任，构成犯罪的承担刑事责任。对于违反规定向外国申请专利、泄露国家秘密的，如上述所说的承担行政责任或刑事责任等，其他法律大多只进行了简单的说明，如"依法追究法律责任""依法追究刑事责任"等。具体的责任承担方式仍需依据相应的法律规定来确定。

（二）相关法规、规章的规定

在北大法宝上以"科技成果转化"为关键词进行搜索，得到行政法规 2 部，部门规章 86 部（其中包括部门规章 2 部、部门规范性文件 39 部、部门工作文件 45 部）。在这 88 部法规中，分别以"责任"为关键词进行查找，可以发现，行政法规对此没有规定，部门规章如原化工部《关于加速化工科技成果转化为生产力，促进科研、设计、生产相结合的试行规定》对科研、设计和生产等单位规定了相应的技术责任、保密责任等义务责任。而在部门规范性文件中，只有交通运输部《促进科技成果转化暂行办法》、原国土资源部《促进科技成果转化暂行办法》、原国家科委、原国家工商行政管理局《关于以高新技术成果出资入股若干问题的规定》（已失效）、原铁道部《加强铁路科技成果管理促进科技成果转化有关规定》、财政部、科技部《国家科技成果转化引导基金管理暂行办法》这 5 个部门规范性文件规定了有关科技成果转化的法律责任。在以上包含科技成果转化法律责任内容的部门规章中，涉及民事责任的适用情况主要包括技术责任、工程设计责任、民事赔偿责任及违约责任。前三种责任是在化工科技成果转化过程中单位可能承担的民事责任，并不具有普遍性。本章围绕具有普遍适用性的法律责任进行论述。

（1）擅自泄漏技术秘密，以改头换面的方式将他人技术资料、数据占为已有的行为。对该行为，部门规章没有明确规定责任主体应当承担的具体法律责任，但是《促进科技成果转化法》对此有明确的规定，即对于泄露技术秘密的行为人要求其承担违约责任，或给予行政处分。当单位技术秘密的内容可能涉及国家安全或重大利益的时候，则按照国家的有关规定处理。同时，该行为还涉及侵占他人科技成果，因此行为人应承担民事责任，侵占达到犯罪标准的还应承担相应的刑事责任。

（2）由于科研开发单位或设计单位的过错造成经济损失的行为。该行为是单纯的民事法律行为，所应承担的后果是民事责任中的民事赔偿责任。

（3）转化基金实施过程中提供虚假信息的行为。对于该行为，部门规章也没有规定应承担的具体行为后果。但是依据《促进科技成果转化法》的规定，涉事单位应当被给予责令改正、没收违法所得等行政处分，给他人造成经济损失的，应依法承担民事赔偿责任；构成犯罪的，应依法追究刑事责任。

（4）有关单位由于管理不善和不正当行为造成知识产权流失的行为。部门规章对这种行为进行了明确的规定，要求相关单位依法承担行政责任。

（5）违反协议约定不履行义务，或超出协议约定使用科技成果的行为。部门规章要求成果出资者可以主张由相对人承担违约责任，即承担民事责任。

（6）在科技成果转化活动中弄虚作假，采取欺骗手段，骗取奖励和荣誉称号、诈骗钱财、非法牟利的行为。部门规章对违法行为人对该行为所应承担的法律责任的规定与《促进科技成果转化法》一样，即行为人可能承担相应的行政责任、民事责任和刑事责任，行政责任为行政处分和行政处罚，民事责任则是民事赔偿责任。

另外，还有一些专门针对高校科技成果转化的法律责任进行规定的法规，如国务院《关于优化科研管理提升科研绩效若干措施的通知》、中共中央办公厅、国务院办公厅《关于进一步加强科研诚信建设的若干意见》。国务院《关于优化科研管理提升科研绩效若干措施的通知》对已经履行勤勉尽责义务但因为技术路线选择失误导致难以完成预定目标的单位和项目负责人予以免责。要求相关主管、管理部门以及其他相关部门要合理区分在改革创新、探索性试验、推动发展过程中发生的失职渎职、谋取私利等违纪违法行为，区别无意过失与明知故犯。对科研活动的审计和财务检查要尊重科研规律，减少频次，与工作对象就相关政策理解不一致时，要及时与政策制定部门沟通，调查澄清，通过建立以上的自由探索和颠覆性技术创新活动免责机制来达到构建高校和科研院所分担责任机制的目的。除此之外，还要求主管部门在一些方面充分尊重高校和科研院所的管理权限。高校和科研院所要根据国家科技体制改革要求，制定、完善本单位科研、人事、财务、成果转化、科研诚信等具体管理办法。强化科研人员主体地位，在充分信任的基础上赋予更大的人财物支配权，强化责任和诚信意识，对严重违背科研诚信要求的，实行终身追究、联合惩戒，以强化高校、科研院所和科研人员的主体责任。

中共中央办公厅、国务院办公厅印发的《关于进一步加强科研诚信建设的若干意见》也针对高校科技成果转化规定了相应的法律责任：第一，从事科研活动及参与科技管理服务的各类机构要切实履行科研诚信建设的主体责任。将科研诚信工作纳入常态化管理，通过单位章程、员工行为规范、岗位说明书等内部规章制度及聘用合同，对本单位员工遵守科研诚信要求及责任追究作出明确规定或约定。第二，科研机构、高校要通过单位章程或制定学术委员会章程，对学术委员会科研诚信工作任务、职责权限作出明确规定，并在工作经费、办事机构、专职人员等方面提供必要保障。第三，建立终身追究制度。依法依规对严重违背科研诚信要求的行为实行终身追究，一经发现，随时调查处理。积极开展对严重违背科研诚信要求行为的刑事规制埋论研究，推动立法、司法部门适时出台相应的刑事制裁措施。第四，开展联合惩戒。加强科研诚信信息跨部门跨区域共享共用，依法依规对严重违背科研诚信要求责任人采取联合惩戒措施。推动各级各类科技计划统一处理规则，对相关处理结果互认。将科研诚信状况与学籍管理、学历学位授予、科研项目立项、专业技术职务评聘、岗位聘用、评选表彰、院士增选、人才基地评审等挂钩。推动在行政许可、公共采购、评先创优、金融支持、资质等级评定、纳税信用评价等工作中将科研诚信状况作为重要参考。

上述两个法规目的有所不同，前者侧重推进科技领域"放管服"改革的要求，建立以信任为前提的科研管理机制；后者侧重推进科研诚信建设制度，健全完善科研诚信工作机制。优化科研管理、提升科研绩效若干措施的颁布是为了更好地实现科研管理，国务院意图通过赋予科研人员更大的人财物自主支配权，减轻科研人员的负担，充分释放创新活力。因此在对相关主体进行归责的时候抱以审慎的态度，采取过错责任归责原则；《关于进一步加强科研诚信建设的若干意见》对责任主体科研诚信的建设作出了专门部署，其中明确要求高校应肩负起科研诚信建设第一主体责任。同时，两者又有相同之处，即终身追究、联合惩戒。在给予科研单位和科研人员以更大权利、更多自由的同时也需要对其权利行使进行监督约束。

二、我国科技成果转化法律责任立法分析

（一）立法特点与不足

我国对科技成果转化法律责任的立法规定是从行政责任、民事责任、刑事责任三个方面进行的。在科技成果转化的过程中当然会涉及一系列程序操作，比如提交信息、评估鉴定等，如果行为人在实施这类行政行为时违反了有关规定，便会承担相应的行政责任。在科技成果转化的范围内，行为人一般会承担行政处分（责令改正）、行政处罚的财产罚和荣誉罚（没收违法所得、罚款）。行为人在实施行政行为的同时还可能涉及民事主体的合法权益，可能造成其他人权益的损害，并因此与权利人产生民事法律纠纷（通常为经济损害），对于这种结果，行为人应承担相应的民事责任。除了因行政行为触发的民事责任，还包括民事平等主体之间在科技成果转化过程中产生的民事责任，分为两类：侵权责任和违约责任。权利人在合法权益受到侵害时可以主张行为人停止侵害、排除妨碍、消除危险等；在当事人签订合同、协议后不履行或超范围履行时，一方当事人可以主张另一方承担违约责任。且在相关的法律法规中对刑事责任是以"构成犯罪的，依法追究刑事责任"形式来规定的，可能承担刑事责任的行为人的行为是在刑法规范中有明确罪名的。

通过以上对我国科技成果转化法律责任立法规定的特点分析我们可以看出，我国对法律责任的规定很笼统，立法条文只是单纯地将违法行为可能承担的法律责任的处罚方式列出，没有对违法行为在何种情况下承担何种处罚进行明确的规定，并且对于刑事责任的规定过于简单，有的行为是可以满足刑法犯罪成立要件的，有的行为与刑法的犯罪成立要件有所区分，但是法律法规仍在未进行相应解释说明的情况下对其规定了刑事责任。除此之外，关于高校科技成果转化的法律责任，我国没有明确规定高校和企业在科技成果转化中是否需要各自承担风险，因此，高校在与企业进行合作时往往会处于不利地位，这不仅可能导致高校的利益减少，也不利于高校科技成果转化积极性的提升。

（二）科技成果转化法律责任制度完善建议

（1）细化法律责任形式。可以采用多种方式对法律责任进行规定。对于科技成果转化中的专门法律责任应该详细描述行为和相对应的法律责任承担内容，明确责任主体行为形式及其法律责任。对于科技成果转化中介机构及其他市场主体，可以针对其实施的民事行为所在的不同阶段，采用通过援引其他法律条款的规定的方式，明确适用《民法典》《专利法》等法律中的相关规定，以有效避免立法的重复冗杂。[1]

（2）明确责任主体。目前一些法律法规对于科技成果转化法律责任主体规定得不够明确，这种状况不利于法律对科技成果转化的调整。所以，需要从立法角度明确具体的权利义务和相应的责任主体。同时，应当加强政府、中介机构及科技工作者等责任主体的规范化管理，以实现对科技成果转化的各个环节、各类主体进行有效的约束。[2]

附录 本章研究内容涉及的立法规定汇总

表1 1 关于科技成果内涵的立法规定（法律、法规、规章）

序号	法律（法规）名称	颁布机关及时间	具体规定
1	促进科技成果转化法	全国人民代表大会常务委员会 2015年	第二条 本法所称科技成果，是指通过科学研究与技术开发所产生的具有实用价值的成果。职务科技成果，是指执行研究开发机构、高等院校和企业等单位的工作任务，或者主要是利用上述单位的物质技术条件所完成的科技成果。本法所称科技成果转化，是指为提高生产力水平而对科技成果所进行的后续试验、开发、应用、推广直至形成新技术、新工艺、新材料、新产品，发展新产业等活动。

---

〔1〕 翟晓舟、马治国："科技成果转化主体之立法偏差研究"，载《西安电子科技大学学报（社会科学版）》2015年第4期，第57~64页。

〔2〕 周菡："高校科技成果转化法律制度的研究"，载《法制与社会》2017年第23期，第47~48页。

续表

序号	法律（法规）名称	颁布机关及时间	具体规定
2	乡镇企业科技成果鉴定规定（试行）	原农业部1991年	第二条 本规定所称科技成果，是指以乡镇企业为主研究和开发的，能够推动全国各有关行业及乡镇工业技术进步，具有明显的经济效益、社会效益、生态效益的机械、电子电器、冶金、建材、化工、轻工、纺织、能源、交通等行业的新产品、新技术、新工艺、新材料、新设计以及软科学等方面的成果。成果必须适用于社会主义经济建设，满足人民物质生活需要和国防建设需要，具有新颖性、先进性和实用价值。

表1-2 关于科技成果种类的主要规定（法律、法规、规章）

序号	法律（法规）名称	颁布机关及时间	具体规定
1	促进科技成果转化法	全国人民代表大会常务委员会2015年	第十一条第二款 利用财政资金设立的科技项目的承担者应当按照规定及时提交相关科技报告，并将科技成果和相关知识产权信息汇交到科技成果信息系统。 第三款 国家鼓励利用非财政资金设立的科技项目的承担者提交相关科技报告，将科技成果和相关知识产权信息汇交到科技成果信息系统，县级以上人民政府负责相关工作的部门应当为其提供方便。 第十四条第二款 国家建立有效的军民科技成果相互转化体系，完善国防科技协同创新体制机制。军品科研生产应当依法优先采用先进适用的民用标准，推动军用、民用技术相互转移、转化。
2	民法典	全国人民代表大会2020年	第八百四十七条 职务技术成果的使用权、转让权属于法人或者非法人组织的，法人或者非法人组织可以就该项职务技术成果订立技术合同。法人或者非法人组织订立技术合同转让职务技术成

续表

序号	法律（法规）名称	颁布机关及时间	具体规定
			果时，职务技术成果的完成人享有以同等条件优先受让的权利。职务技术成果是执行法人或者非法人组织的工作任务，或者主要是利用法人或者非法人组织的物质技术条件所完成的技术成果。第八百五十一条第一款　技术开发合同是当事人之间就新技术、新产品、新工艺、新品种或者新材料及其系统的研究开发所订立的合同。第八百六十二条第一款　技术转让合同是合法拥有技术的权利人，将现有特定的专利、专利申请、技术秘密的相关权利让与他人所订立的合同。第八百七十六条　集成电路布图设计专有权、植物新品种权、计算机软件著作权等其他知识产权的转让和许可，参照适用本节的有关规定。
3	科技领域中央与地方财政事权和支出责任划分改革方案	国务院办公厅2019年	二、主要内容（一）科技研发。利用财政资金设立的用于支持基础研究、应用研究和技术研究开发等方面的科技计划（专项、基金等），确认为中央与地方共同财政事权，由中央财政和地方财政区分不同情况承担相应的支出责任。1. 基础研究……2. 应用研究和技术研究开发……
4	关于实行以增加知识价值为导向分配政策的若干意见	中共中央办公厅、国务院办公厅2016年	一、总体要求（一）基本思路……统筹自然科学、哲学社会科学等不同科学门类，统筹基础研究、应用研究、技术开发、成果转化全创新链条，加强系统设计、分类管理……

序号	法律（法规）名称	颁布机关及时间	具体规定
5	促进科技成果转移转化行动方案	国务院办公厅 2016 年	二、重点任务 （一）开展科技成果信息汇交与发布。 1. 发布转化先进适用的科技成果包。……引导支持农业、医疗卫生、生态建设等社会公益领域科技成果转化应用。 2. 建立国家科技成果信息系统。制定科技成果信息采集、加工与服务规范，推动中央和地方各类科技计划、科技奖励成果存量与增量数据资源互联互通，构建由财政资金支持产生的科技成果转化项目库与数据服务平台……
6	科技成果鉴定管理办法（试行）	原国家药品监督管理局 1989 年	第二条　科技成果的分类： （一）科学理论成果：指医药基础理论研究成果和应用理论研究成果。 （二）应用研究成果：指具有新颖性、先进性和实用性的新产品、新技术、新工艺、新材料、新设计、新装备等方面的医药科技成果。 （三）软科学研究成果：指推动医药行业决策科学化和管理现代化的软科学研究成果。
7	科技成果鉴定规程（试行）	原国家科委 1994 年	二、鉴定范围 （二）根据《鉴定办法》第七条的规定，下列科技成果不组织鉴定。 1. 基础理论研究成果是指自然科学中纯理论性研究的结果，主要表现形式为学术论文…… 2. 软科学研究成果是指对推动决策科学化和管理现代化，促进科技、经济与社会的协调发展起重大作用的研究结果，主要表现形式为研究报告。

表1-3 关于科技成果转化法律责任的主要规定（法律、法规、规章)

序号	法律（法规）名称	颁布机关及时间	具体规定
1	民法典	全国人民代表大会 2020年	第八百五十四条 委托开发合同的当事人违反约定造成研究开发工作停滞、延误或者失败的，应当承担违约责任。 第八百五十六条 合作开发合同的当事人违反约定造成研究开发工作停滞、延误或者失败的，应当承担违约责任。 第八百七十二条 许可人未按照约定许可技术的，应当返还部分或者全部使用费，并应当承担违约责任；实施专利或者使用技术秘密超越约定的范围的，违反约定擅自许可第三人实施该项专利或者使用该项技术秘密的，应当停止违约行为，承担违约责任；违反约定的保密义务的，应当承担违约责任。 让与人承担违约责任，参照适用前款规定。 第八百七十三条 被许可人未按照约定支付使用费的，应当补交使用费并按照约定支付违约金；不补交使用费或者支付违约金的，应当停止实施专利或者使用技术秘密，交还技术资料，承担违约责任；实施专利或者使用技术秘密超越约定的范围的，未经许可人同意擅自许可第三人实施该专利或者使用该技术秘密的，应当停止违约行为，承担违约责任；违反约定的保密义务的，应当承担违约责任。 受让人承担违约责任，参照适用前款规定。 第八百七十四条 受让人或者被许可人按照约定实施专利、使用技术秘密侵害他人合法权益的，由让与人或者许可人承担责任，但是当事人另有约定的除外。
2	促进科技成果转化法	全国人民代表大会常务委员会 2015年	第四十六条 利用财政资金设立的科技项目的承担者未依照本法规定提交科技报告、汇交科技成果和相关知识产权信息的，由组织实施项目的政府有关部

序号	法律（法规）名称	颁布机关及时间	具体规定
			门、管理机构责令改正；情节严重的，予以通报批评，禁止其在一定期限内承担利用财政资金设立的科技项目。 国家设立的研究开发机构、高等院校未依照本法规定提交科技成果转化情况年度报告的，由其主管部门责令改正；情节严重的，予以通报批评。 第四十七条　违反本法规定，在科技成果转化活动中弄虚作假，采取欺骗手段，骗取奖励和荣誉称号、诈骗钱财、非法牟利的，由政府有关部门依照管理职责责令改正，取消该奖励和荣誉称号，没收违法所得，并处以罚款。给他人造成经济损失的，依法承担民事赔偿责任。构成犯罪的，依法追究刑事责任。 第四十八条　科技服务机构及其从业人员违反本法规定，故意提供虚假的信息、实验结果或者评估意见等欺骗当事人，或者与当事人一方串通欺骗另一方当事人的，由政府有关部门依照管理职责责令改正，没收违法所得，并处以罚款；情节严重的，由工商行政管理部门依法吊销营业执照。给他人造成经济损失的，依法承担民事赔偿责任；构成犯罪的，依法追究刑事责任。 科技中介服务机构及其从业人员违反本法规定泄露国家秘密或者当事人的商业秘密的，依照有关法律、行政法规的规定承担相应的法律责任。 第四十九条　科学技术行政部门和其他有关部门及其工作人员在科技成果转化中滥用职权、玩忽职守、徇私舞弊的，由任免机关或者监察机关对直接负责的主管人员和其他直接责任人员依法给予处分；构成犯罪的，依法追究刑事责任。 第五十条　违反本法规定，以唆使窃取、利诱胁迫等手段侵占他人的科技成

序号	法律（法规）名称	颁布机关及时间	具体规定
			果，侵犯他人合法权益的，依法承担民事赔偿责任，可以处以罚款；构成犯罪的，依法追究刑事责任。第五十一条　违反本法规定，职工未经单位允许，泄露本单位的技术秘密，或者擅自转让、变相转让职务科技成果的，参加科技成果转化的有关人员违反与本单位的协议，在离职、离休、退休后约定的期限内从事与原单位相同的科技成果转化活动，给本单位造成经济损失的，依法承担民事赔偿责任；构成犯罪的，依法追究刑事责任。
3	促进科技成果转化暂行办法	交通运输部2017 年	第四十三条　对违反相关规定，在科技成果转化活动中弄虚作假，采取欺骗手段，骗取奖励和荣誉称号、非法牟利的，由有关部门依法依照管理职责责令改正，取消该奖励和荣誉称号，没收违法所得，并给予相应处罚；给他人造成经济损失的，依法承担民事赔偿责任；构成犯罪的，依法追究刑事责任。
4	促进科技成果转化暂行办法	原国土资源部2016 年	第二十二条第一款　依法依规从事科技成果转化。对违反相关规定，在科技成果转化活动中弄虚作假，采取欺骗手段，骗取奖励和荣誉称号、诈骗钱财、非法牟利的，由有关部门依照管理职责责令改正，取消该奖励和荣誉称号，没收违法所得，并给予相应处罚；给他人造成经济损失的，依法承担民事赔偿责任；构成犯罪的，依法追究刑事责任。
5	国家科技成果转化引导基金管理暂行办法	财政部、科技部2021 年	第二十九条　转化基金实施过程中涉及信息提供的单位，应当保证所提供信息的真实性，并对信息虚假导致的后果承担责任。

第二章

高校科技成果转化方式立法与
实践状况分析*

　　科技成果转化，是将科学技术转变为现实生产力的关键环节，也是实现创新发展和高质量发展的重要途径。科技成果向现实生产力转化是一项复杂的系统工程，它不仅涉及科学技术研究水平、研究课题和研究方向的选择，还涉及成果信息传播、成果定价、技术市场、金融投资、市场发展、企业的转化能力以及法律、法规和政府的有关鼓励政策等。目前，我国已初步形成新时期的科技成果转化法律制度体系。自2015年修正《促进科技成果转化法》以来，我国陆续出台了《实施〈中华人民共和国促进科技成果转化法〉若干规定》《促进科技成果转移转化行动方案》等一系列政策措施，在法律和政策层面确立了促进科技成果转化的制度导向。在立法上，制定了促进科技成果转化等专门法律，配套实施了与促进科技成果转化相关的科技中介服务和财政税收制度，破解科技成果使用、处置和收益权等实践障碍，进一步明确细化了相关制度和具体操作措施。本章将以"科技成果转化方式"为研究基础，有针对性地结合具体立法与实践状况进行分析，以期对促进高校科技成果运用有所裨益。

第一节　高校科技成果转化方式及特点分析

一、科技成果转化的主要方式

　　我国《促进科技成果转化法》第16条规定："科技成果持有者可以采用

---

　　* 张怡靖，北方工业大学2019届民商法专业硕士研究生。

下列方式进行科技成果转化：（一）自行投资实施转化；（二）向他人转让该科技成果；（三）许可他人使用该科技成果；（四）以该科技成果作为合作条件，与他人共同实施转化；（五）以该科技成果作价投资，折算股份或者出资比例；（六）其他协商确定的方式。"

二、科技成果转化方式的特点

（一）自行投资实施转化的特点

这种转化方式是科技成果所有人与科技成果转化人重合，不发生知识产权转移，科技成果所有人取得全部的转化收益，承担全部的转化风险，一般会组织科研人员进行后续研究开发，且享有后续开发成果的所有权。它的特点是将所有环节内部化，成果的研发和转化主体合二为一，不存在技术消化与吸收的障碍，也没有中间环节，避免了不必要的技术泄密和其他纠纷，同时也降低了各项交易费用。从技术层面讲，相关人员因为对技术的理解比较深，所以各项适应工作开展得也比较快。其优点表现为两个方面：一是科技成果转化速度快。自主转化可以减少中间环节，这样科研院所就无需把时间和精力放在寻找合作企业上，可以依靠科研院所自身的力量进行科研开发和生产运营，实现科技成果的快速转化，从而快速投放市场，实现生产力的提升。二是消耗的资源少。随着交易环节和参与方的增多，成果转化成交易成本会不断增加，消耗的资源也会随之增多。而自行投资转化减少了合作方，减少了交易环节，减少了资源占用，所有过程均由科研院所自己实施，从而实现了投入产出最大化。一般来说，自行投资实施转化比较适合企业，受各种条件所限，高校不宜采取这种方式。这是因为：一是与高校、科研院所的职能定位不符；二是高校缺乏必要的市场拓展能力；三是高校用于投资科技成果转化的财力很有限。因此，自行投资实施转化比较适合于有一定资本基础和生产规模的企业，或者处于创业阶段的小微企业。

（二）科技成果转让的特点

科技成果所有人将科技成果的知识产权（包括专利权、软件著作权等）转让给科技成果转化人，交易标的是科技成果中的知识产权，一般通过成果所有人与成果转化人签署转让协议来实施。最常见的形式是高校、科研院所等出让科技成果，企业受让科技成果。科技成果转让协议一般要将拟转让成果的内容、范围界定清楚，对双方的权利义务事先进行约定。其中核心条款是转让，包括转让价格和支付方式。转让价格是双方谈判的焦点，而价格的确定及其支付与拟转让科技成果的技术含量、技术成熟度、市场预测、经济效益前景、收益周期长短、投资风险大小等密切相关。交易各方一般会对拟交易的成果进行分析评估，并达成共识。协议签订以后，凭转让合同办理知识产权转移手续。

科技成果转让方式具有以下特点：一是收益与风险全部转移，即转让方收取的转让费，不与科技成果转化的效果直接关联，也不承担转化的风险。受让方不只是为了实施技术或掌握技术，而是取得科技成果所有权，即可以自己实施、禁止或许可他人实施、转让、放弃等。二是受让方投入的费用较大，包括支付科技成果受让费、交易费用和转化科技成果的费用等，因而受让方应具有较强的经济实力。三是交易过程比较复杂，交易时间比较长。科技成果转让既可充分发挥高校、科研院所的科研优势，也可发挥企业的生产优势和市场优势，比较适用于技术成熟度和市场成熟度均比较高的科技成果。

（三）科技成果许可的特点

被许可人（科技成果转化人）通过与科技成果所有人订立合同，获得实施科技成果的权利，即只产生使用权的转移，不必转移科技成果的所有权，科技成果所有人通过收取许可使用费来获得经济利益。许可双方交易的标的是科技成果的实施权，所体现的是科技成果所有人对其实施权的处分。因被许可人的目的是实施科技成果，所以其会很重视成果转化的实际效果，而且支付给科技成果所有人的使用费与该成果实施的效果应成正比。许可使用有以下好处：一是程序简便，交易成本比较低；二是与转让方式相比，被许可人支付的交易对价也较低，通常与被许可方的生产规模相关，或与所解决的问题大小有关；三是风险较小，当科技成果中的专利权、软件著作权等知识产权被宣告无效、被新的技术替代等情形出现时，被许可人受到的损失也较小。不过，对于被许可人来说，由于其只获得了该成果的使用权，并没有因此获得对科技成果的改进能力，因此如没有特别约定，科技成果所有人仍可以对该成果进行后续研究开发，以增强市场竞争力。

（四）合作转化方式的特点

科技成果所有人与合作方订立合作转化协议，发挥各自的优势，共同转化科技成果，并就收益共享、风险共担的办法达成共识。主要做法是：由高校、科研院所提供不太成熟的科技成果，并负责后续研发，由企业等合作方提供小试、中试等设备，以及生产线、实验场地等条件，围绕目标客户的需求，配合高校、科研院所对科技成果进行后续试验、产品试制与定型、工艺开发，负责产品的市场推广。合作转化的实质是合作各方发挥各自的优势，开展互补性合作的过程。合作中需要关注的焦点是：在合作协议中应明确在科技成果转化的各个环节各自享有的权利和承担的义务，特别是风险分摊和利益分成的办法。如能妥善处理好风险分摊和利益分成，就能够形成合力，进而降低成果转化中的不确定性，化解成果转化中的矛盾，有效地保障合作转化的顺利进行。以科技成果作为合作条件，不涉及科技成果权属的转移，程序简单。对于企业来说，不必支付科技成果的使用费或转让费。不过，合作关系是否紧密取决于合作各方所达成的共识程度。

产学研合作转化是在企业和高校、科研院所之间，通过全程合作完成成果转化的一种模式。它需要产业化参与的双方保持长期性的合作关系，这种长期合作需要到科技成果转化成功后才有终止的可能。相比较来说，产、学、研合作模式的成果转化的速度较快、成功率较高。要顺利完成科技成果的转化并不是一件容易的事，它需要产学研各方都付出艰辛的努力。首先需要有共同开展科技成果转化的想法和迫切需要；其次还需要各方找到合适的合作方；最后合作双方还需要达到优势互补的目的。

（五）作价投资的特点分析

科技成果所有人将科技成果作为资本投入到企业，取得该企业的股权（份），并参与该企业的经营管理，以分享经营收益，分担经营风险。科技成果作价投资以后，由被投资企业取得科技成果所有权，并被纳入其无形资产进行经营管理。这种方式对科技成果所有人、被投资企业，以及投资人都具有吸引力。对于科技成果所有人而言，其可继续对该成果进行研究开发，并分享其转化收益，而且不受知识产权保护期限的限制。对于被投资企业的其他投资人而言，其无需支付现金就可获得对科技成果所有权的控制及其转化收益，是一种成本低、风险小的交易方式。对于被投资企业而言，将科技成果所有人的利益与企业的经营业绩绑定在一起，科技成果所有人会全力支持该成果的转化及后续研发，因而更有利于该成果的转化。作价投资方式的突出特点是各投资方结成紧密的合作关系，尽其所能地投入资金、技术、市场渠道、人才、资源等，并结成利益共享、风险共担的共同体。

从上述分析中我们可以得知，不同的转化方式各有特点、各有其适用的对象，在具体适用中也各有利弊。因此，在具体实践中，科技成果转化的各类主体应根据转化成果的技术成熟度和市场需求状况等因素进行综合考量，最终选择合适的转化方式。

第二节　高校科技成果转化方式相关立法状况分析

围绕科技成果转化方式，目前我国立法形成了多层次的立法体系：民事法律、法规、部门规章等。随着时间的推移和实践的变化，相关立法也有所调整。围绕科技成果转化方式，本章从立法角度出发，主要从法律、法规和部委规章三个方面阐述相应的立法内容和变化。

一、法律层面：相关立法内容及变化

（一）《民法典》关于技术合同的相关规定

我国《民法典》关于技术合同的规定，是高校科技成果转化的主要法律依据。就具体内容和发展的状况看，与原有的《合同法》相比，《民法典》关于技术合同的规定发生了一定的变化，主要体现为以下几个方面：

1. 理念及具体制度设计上的变化

技术合同属于《民法典》合同编规定的典型合同，因为其在合同内容、解除、履行和无效等方面的规则有别于一般的民事合同，1987 年专门单独立法《技术合同法》，与《经济合同法》《涉外经济合同法》三足鼎立，成为当时合同法律体系的重要组成部分。1999 年颁布实施的《合同法》废止了《技术合同法》，但也在分则中专章规定了技术合同，共 43 个条文。

我国《民法典》关于技术合同的规定在第三编"合同"第二分编第二十章，从第 843 条至第 887 条共计 45 个条文，足显技术合同在整个合同法体系中的重要地位。《民法典》有关技术合同的法律规范大部分沿袭了《合同法》的规定，但仍有一定的创新。在理念方面，《民法典》的相关规定体现了"技术合同制度的管制色彩应当进一步淡化，服务交易的职能应当进一步凸显，技术交易自由应当进一步得到强调和保障"。在具体制度设计上，《民法典》的主要变化首先体现在技术转让合同与技术许可合同的分类界定和适用范围拓展上，即将技术许可合同与技术开发合同、技术转让合同、技术咨询合同列为独立的一种技术合同类型，又将技术许可合同从专利实施许可合同扩展

至包括专利、技术秘密。其次，在合同目的上增加了"有利于知识产权保护以及促进科学技术成果研发"。最后，《民法典》删除了个人获得报酬权的规定，但这种改变并不代表完成职务技术成果个人获得报酬权不再被法律支持，《专利法》及其实施细则等知识产权特别法律对职务技术成果完成者的获得报酬权已经作了非常详尽的规定，没必要在《民法典》中进行重复，此次精简即出于此考虑。

2. 《民法典》对技术合同具体规定的变化

具体来说，《民法典》相较于原《合同法》对技术合同的规定作了如下修改：第844条"订立技术合同的原则"增加"知识产权的保护"，突出了对知识产权保护的立法目的。第846条最后一款规定："约定提成支付的，当事人可以约定查阅有关会计账目的办法。"原《合同法》是"应当在合同中约定"，新修改的条款更体现出了合同当事人的意思自治原则。第847条删去了原《合同法》第326条"法人或者其他组织应当从使用和转让该项职务技术成果所取得的收益中提取一定比例，对完成该项职务技术成果的个人给予奖励或者报酬"的规定。原因在于，《专利法》第15条，《促进科技成果转化法》第44条和第45条均规定了奖励、报酬。《民法典》第851条第1款规定："技术开发合同是当事人之间就新技术、新产品、新工艺、新品种或者新材料及其系统的研究开发所订立的合同。"相比原《合同法》增加了"新品种"。《民法典》第859条第1款规定："委托开发完成的发明创造，除法律另有规定或者当事人另有约定外，申请专利的权利属于研究开发人。研究开发人取得专利权的，委托人可以依法实施该专利。"此条将原《合同法》规定的"免费"改为"依法"。《民法典》第861条规定："委托开发或者合作开发完成的技术秘密成果的使用权、转让权以及收益的分配办法，由当事人约定；没有约定或者约定不明确，依据本法第五百一十条的规定仍不能确定的，在没有相同技术方案被授予专利权前，当事人均有使用和转让的权利……"相比原《合同法》增加了"在没有相同技术方案被授予专利权前"，使该条的适用更加明确、具体。《民法典》新增第863条，规定对技术转让合同与技术许可合同进行明确区分定性，还原了概念的应有之意，是立法技术的进步，有利于法律的适用。《民法典》第863条规定："技术转让合同包括专利权转让、专利申请权转让、技术秘密转让等合同。技术许可合同包括专利实施许可、技术秘密使用许可等合同。技术转让合同和技术许可合同应当采用书面形式。"相较于原《合同法》的规定，《民法典》将技术许可合同从技术转让合同中独立出来，增加了技术秘密使用许可合同类型。《民法典》第868条增加一款内容："前款规定的保密义务，不限制许可人申请专利，但是当事人另有约定的除外。"新增第876条规定："集成电路布图设计专有权、植物新品种权、计算机软件著作权等其他知识产权的转让和许可，参照适用本节的有关规定。"这就意味着将上述几类合同也直接纳入了技术转让合同和技术许可合同的体系范围之内。新增第886条规定："技术咨询合同和技术服务合同对受托人正常开展工作所需费用的负担没有约定或者约定不明确的，由受托人负担。"

（二）《专利法》关于科技成果转化方式的立法内容和主要变化

1.《专利法》关于专利转让、许可的立法规定及其发展变化

我国《专利法》制定于1984年，曾分别于1992年、2000年、2008年进行过三次修正。随着社会形势的日新月异和科技的革新发展，为应对我国专利领域出现的新情况、新问题，我国于2020年对《专利法》进行了第四次修正。在专利转让和专利许可的一般性规定上，新《专利法》对其没有变动：第10条规定专利转让包括专利申请权转让和专利权转让，第12条规定任何单位或者个人实施他人专利的，应当与专利权人订立实施许可合同，向专利权人支付专利使用费。被许可人无权允许合同规定以外的任何单位或者个人实施该专利。值得一提的是，在促进科技成果转化方面，新《专利法》的主要变化表现为增设了专利开放许可制度。

2. 2020年第四次修正的《专利法》：新增开放许可制度

（1）专利开放许可制度的相关基本理论。专利开放许可制度是指专利权人以书面方式向国务院专利行政部门声明愿意许可任何单位或者个人实施其专利，并明确许可使用费支付方式和标准，由国务院专利行政部门予以公告的情况下实行的许可制度。专利开放许可的基本要素包括：①专利开放许可不同于强制许可，它建立在专利权人自愿的基础上；②专利开放许可需经国务院专利行政部门审查，以确保开放许可制度的目的得以实现，审查的内容包括开放许可期间专利权人不得就该专利给予独占或者排他许可，以及专利权不得有法律瑕疵等；③专利开放许可期间就专利侵权纠纷提起诉讼的，只要被告答应接受开放许可条件，专利权人不得请求诉前临时禁令。可见，专利开放许可具有开放性、共享性、公平性和自愿性的特点，建立专利开放许

可制度有助于降低交易成本和交易风险，让技术需求方能以公开、合理、无歧视的许可费和便捷的方式获得专利许可，并能缓解技术供需双方及相关市场中存在的信息不对称现象。专利开放许可本质上属于自愿许可的范畴，但其也具有很多不同于普通自愿许可的特点和优点。

在制度价值上，专利开放许可制度具有以下优点：一是有利于促进专利技术成果供需双方的对接，尤其是有利于高校、科研院所专利技术成果更广泛地传播和运用；二是需求方能以公开、合理、无歧视的许可使用费和便捷的方式获得专利许可，这不仅可以降低许可谈判的难度，同时也可以提高被许可人进行专利技术成果转化的意愿，有利于企业开展更多的专利商业化活动；三是可为专利权人和社会公众搭建专利技术成果转化和推广应用平台，也可以有效降低专利许可交易中与专利状态相关的法律风险；四是有助于改善和加强我国的专利保护，实施专利开放许可意味着作为无形资产的专利权的经济价值变成了具体的专利实施许可费，公众的重视和参与程度会大大提升；五是专利开放许可意味着能充分发挥市场竞争机制，让市场提供更多物美价廉的新产品和新技术，使社会公众受益。

（2）《专利法》对专利开放许可的具体规定。在立法上，2015年国务院《关于新形势下加快知识产权强国建设的若干意见》明确指出，要"强化专利以许可方式对外扩散""研究建立专利当然许可制度，鼓励更多专利权人对社会公开许可专利"。这在《专利法》第四次修正的过程中得到了诸多彰显。2015年《专利法修改草案（征求意见稿）》突破性地引入了以促进专利许可为目的的当然许可制度，而在2019年的《专利法修正案（草案）（征求意见稿）》中，该制度被更名为"开放许可"，并作了进一步的修改，最终在2020年10月正式公布的《专利法》中得到了保留。具体来讲，该法第50条到第52条规定了开放许可制度。开放许可由专利权人自愿作出，为鼓励专利权人自愿实行开放许可，促进专利实施和运用，修正后的《专利法》特别规定，"开放许可实施期间"（而不是"开放许可期间"），对专利权人缴纳专利年费相应给予减免。修正后的《专利法》规定，实行开放许可的专利权人可以与被许可人就许可使用费进行协商后给予普通许可。有意愿使用开放许可的专利权的第三人，认为专利权人设定的许可使用费的支付方式、标准不合理的，可以与专利权人另行谈判，取得普通许可。在纠纷解决方式上，当事人就实施开放许可发生纠纷的，由当事人协商解决；不愿协商或者协商不成的，可以请求国务院专利行政部门进行调解，也可以向人民法院起诉。

开放许可制度是促进专利转化实施的一项重要法律制度，其核心在于鼓励专利权人向社会开放专利权，促进供需对接和专利实施，真正实现专利价值。基于我国国情和借鉴国际成熟经验，新《专利法》规定了开放许可声明及其生效的程序要件、被许可人获得开放许可的程序和权利义务以及相应的争议解决路径，以期通过政府公共服务解决专利技术供需双方信息不对称问题，使任何单位和个人都可以便利地获得专利许可，降低交易成本，提高专利转化效率。对高校而言，在未实施专利中排除用于完成专利评审或考核、获得奖励等目的专利申请，剩余专利完全可充分利用专利当然许可制度，解决供需不对称的困境，从而促进高校专利的转化运用。

（三）《促进科技成果转化法》对科技成果转化方式的规定和主要变化

《促进科技成果转化法》于1996年颁布实施，开启了我国完善科技工作管理体制的进程，对提升我国科技成果转化率，促进科技成果向现实生产力的转化起到了推动作用。随着社会主义市场经济体制的建立和完善，为适应时代发展新要求，更好地发挥《促进科技成果转化法》在经济、科技发展中的作用，我国于2015年对该法进行了修正。新修正的《促进科技成果转化法》于2015年10月1日起实施。在科技成果转化方式方面，《促进科技成果转化法》有了两点变化：一是明确了科技成果转化的六种方式。该法第16条规定："科技成果持有者可以采用下列方式进行科技成果转化：（一）自行投资实施转化；（二）向他人转让该科技成果；（三）许可他人使用该科技成果；（四）以该科技成果作为合作条件，与他人共同实施转化；（五）以该科技成果作价投资，折算股份或者出资比例；（六）其他协商确定的方式。"第六种方式是《促进科技成果转化法》的新增内容，尊重科技成果持有者的转化意愿，在转化方式上更为灵活自主。二是充分授予高校、科研院所科技成果转化的自主权。在历史上，我国科研事业单位拥有科技成果的所有权，但是处置、取得收益还要经过国有资产管理部门的审批，需要符合国有资产管理要求，因此科研单位对科技成果的所有权实际上是不完整的。国有资产管理程序与国有技术类无形资产的特点不适应，在一定程度上限制了科研事业单位通过技术转让、作价入股来促进科技成果转化的积极性。修正后的《促进科技成果转化法》在《科学技术进步法》将科技成果的所有权赋予承担单位的基础上，进一步将科技成果的使用权、处置权、收益权赋予国家设立的研究开发机构和高校，《促进科技成果转化法》第 17 条第 1 款规定："国家鼓励研究开发机构、高等院校采取转让、许可或者作价投资等方式，向企业或者其他组织转移科技成果。"第 18 条规定："国家设立的研究开发机构、高等院校对其持有的科技成果，可以自主决定转让、许可或者作价投资，但应当通过协议定价、在技术交易市场挂牌交易、拍卖等方式确定价格。通过协议定价的，应当在本单位公示科技成果名称和拟交易价格。"由此增加高校对科技成果转化的积极性和自主性。《促进科技成果转化法》的重新修正与实施在一定程度上解决了科技成果的权益问题，是一项重要的改革措施，为高校科技成果转化的顺利开展提供了法律保障，也为我国科技成果转化和科技体制改革奠定了制度基础。

二、法规层面：相关立法内容及变化

（一）涉及科技成果转化方式的主要法规

近年来，国务院先后发布了《实施〈中华人民共和国促进科技成果转化法〉若干规定》《促进科技成果转移转化行动方案》和《国家技术转移体系建设方案》（这一系列规定又称科技成果转化"三部曲"）等针对科技成果转化方式进行专门规定。

（二）相关法规对科技成果转化方式规定的主要内容

（1）2016 年 2 月 26 日，国务院印发《实施〈中华人民共和国促进科技成果转化法〉若干规定》，进一步强调"国家设立的研究开发机构、高等院校对其持有的科技成果，可以自主决定转让、许可或者作价投资，除涉及国家秘密、国家安全外，不需审批或者备案"。可见，国家明确授权高校、科研机构可以采用转让、许可或者作价投资等方式处置其科技成果。

（2）2016 年 4 月 21 日，国务院办公厅印发《促进科技成果转移转化行动方案》，强调"支持高校和科研院所开展科技成果转移转化。组织高校和科研院所梳理科技成果资源，发布科技成果目录，建立面向企业的技术服务站点网络，推动科技成果与产业、企业需求有效对接，通过研发合作、技术转让、技术许可、作价投资等多种形式，实现科技成果市场价值"。引导建立健全专业化科技成果转移转化机构，鼓励有条件的高校院所设立技术转移机构，加强科技成果转化能力建设，提升市场化运营能力，提高各类主体参与科技成果转化的活跃度。

（3）2017 年 9 月 15 日，国务院印发《国家技术转移体系建设方案》，强调"促进产学研协同技术转移"，其中有三个条文是有关产学研合作或协同实施科技成果转化的：一是支持企业牵头会同高校、科研院所等共建产业技术创新战略联盟，以技术交叉许可、建立专利池等方式促进技术转移扩散。产业技术创新战略联盟是国家技术创新工程提出的三大核心载体之一和六项任务之一。这表明，我国要继续加强产业技术创新战略联盟的建设。二是充分发挥学会、行业协会、研究会等科技社团的优势，依托产学研协同共同体推动技术转移。产学研协同共同体可以较好地解决产学研融合问题，解决科研资源分散、创新链分割问题，实现技术在共同体内无缝转移。三是鼓励有条件的高校设立技术转移相关学科或专业，与企业、科研院所、科技社团等建立联合培养机制。这是培养技术转移人才的重要措施。建设和完善国家技术转移体系，对于促进科技成果资本化产业化、提升国家创新体系整体效能、激发全社会创新创业活力、促进科技与经济紧密结合具有重要意义。

（4）2018 年 9 月 18 日，国务院发布《关于推动创新创业高质量发展打造"双创"升级版的意见》，对产学研协同提出三条措施：一是建设由大中型科技企业牵头，中小企业、科技社团、高校院所等共同参与的科技联合体。这是由大中型企业主导下的产学研结合，而且突破了一对一的结合，是多个产学研主体之间的结合。二是推动高校、科研院所与企业共同建立概念验证、孵化育成等面向基础研究成果转化的服务平台。三是推动产学研用合作建设工业互联网创新中心，建立工业互联网产业示范基地，开展工业互联网创新应用示范。

三、相关部委规章：规定内容及主要变化

（一）部委规章中涉及科技成果转化方式的文件

在科技成果转化"三部曲"出台后，各部委高度重视科技成果转化，密集出台了诸多涉及科技成果转化的规定，涉及科技成果转化方式的部委规章见如下列表。

序号	文件名称	发文字号
1	关于大力促进粮食科技成果转化的实施意见	国粮储〔2016〕148 号
2	关于深化科技体制改革落实创新驱动发展战略的意见	交科技发〔2016〕173 号
3	深入实施《中华人民共和国促进科技成果转化法》若干细则	农科教发〔2016〕7 号
4	促进科技成果转化暂行办法	国土资发〔2016〕105 号
5	关于加强高等学校科技成果转移转化工作的若干意见	教技〔2016〕3 号
6	促进科技成果转移转化行动方案	林科发〔2017〕46 号
7	促进科技成果转化暂行办法	交科技发〔2017〕55 号
8	关于进一步推动高校落实科技成果转化政策相关事项的通知	教技厅函〔2017〕139 号
9	国家科技成果转移转化示范区建设指引	国科发创〔2017〕304 号
10	关于技术市场发展的若干意见	国科发创〔2018〕48 号
11	关于进一步加大授权力度促进科技成果转化的通知	财资〔2019〕57 号
12	关于提升高等学校专利质量促进转化运用的若干意见	教科技〔2020〕1 号
13	赋予科研人员职务科技成果所有权或长期使用权试点实施方案	国科发区〔2020〕128 号
14	关于进一步推进高等学校专业化技术转移机构建设发展的实施意见	国科发区〔2020〕133 号

（二）科技成果转化方式的立法内容

各部委出台的规章，为高校科技成果转化提供了许多激励和扶持措施，在科技成果转化方式上，对法律的规定进行了细化和补充。

（1）原国家粮食局《关于大力促进粮食科技成果转化的实施意见》、交通运输部《关于深化科技体制改革落实创新驱动发展战略的意见》、原农业部《深入实施〈中华人民共和国促进科技成果转化法〉若干细则》、原国家林业局《促进科技成果转移转化行动方案》等文件都是国家相关主管部门为贯彻"三部曲"、加强所管辖领域的科技成果转移转化提出的指导性意见，在科技成果转化方式上都规定了高校、科研院所对其持有的科技成果，可以自主决定转让、许可或者作价投资等方式向企业或者其他组织转化成果，除涉及国家秘密、国家安全外，不需审批或备案，简政放权，鼓励科技成果转化。

（2）教育部、科技部《关于加强高等学校科技成果转移转化工作的若干意见》提出全面认识高校科技成果转移转化工作，强调"高校科技成果转移转化工作，既要注重以技术交易、作价入股等形式向企业转移转化科技成果；又要加大产学研结合的力度，支持科技人员面向企业开展技术开发、技术服务、技术咨询和技术培训；还要创新科研组织方式，组织科技人员面向国家需求和经济社会发展积极承担各类科研计划项目，积极参与国家、区域创新体系建设，为经济社会发展提供技术支撑和政策建议"。上述规定起到了全方位引导高校科技成果转化工作的作用。

（3）教育部、国家知识产权局、科技部《关于提升高等学校专利质量促进转化运用的若干意见》为全面提升高校专利质量，强化高价值专利的创造、运用和管理，提出突出转化导向，首先要强调"树立高校专利等科技成果只有转化才能实现创新价值、不转化是最大损失的理念，突出转化应用导向，倒逼高校知识产权管理工作的优化提升"。其次要加强政策引导，在动态监测和学科评估上不单纯考核专利数量，更加突出转化应用。值得一提的是，该意见提出了创新许可模式，即"鼓励高校以普通许可方式进行专利实施转化，提升转化效率。支持高校创新许可模式，被授予专利权满三年无正当理由未实施的专利，可确定相关许可条件，通过国家知识产权运营相关平台发布，在一定时期内向社会开放许可"。且在专利转化方式上明确鼓励高校创新许可模式，倡导普通许可方式。综上，宏观推动政策的建立为各高校科技成果转化具体制度建设确定了主导方向，也为实践层面科技成果转化的开展创建了良好的外部环境。

第三节　高校科技成果转化方式实践状况分析

一、高校科技成果转化的方式及近三年的基本情况

根据《促进科技成果转化法》《实施〈中华人民共和国促进科技成果转化法〉若干规定》的要求，国家设立的高校院所有科技成果转化活动的，均要报送上一年度的科技成果转化报告，为政府相关部门准确研判区域科技成果

转化进展情况提供有效支撑。自 2018 年起，中国科技评估与成果管理研究会、国家科技评估中心和中国科学技术信息研究所对高校院所填报的科技成果转化年度报告进行了统计分析，编辑出版了《中国科技成果转化年度报告（高等院校和科研院所篇）》，已先后出版了 2018 年、2019 年和 2020 年三个年度的报告。该报告总体上反映了高校的科技成果转化情况。本章基于《中国科技成果转化年度报告 2020（高等院校和科研院所篇）》的统计数据，[1] 对 2017 年至 2019 年近三年高校科技成果转化方式涉及的重要指标进行系统分析，力图准确研判高校科技成果转化方式的现状和存在的问题，并提出有针对性的对策建议。

本部分涉及 1378 家高校，总体来看，高校科技成果转化活动日益活跃，主要方式为转让、许可、作价投资三种方式。2018 年，1243 家高校以转让、许可、作价投资三种方式转化科技成果合同金额达 75.8 亿元，同比增长 45.9%；合同项数为 8072 项，同比增长 10.2%。2019 年，1378 家高校合同项数为 11 406 项，比上一年增长 42.0%；合同金额略有降低，1378 家高校合同金额为 71.0 亿元，比上年下降 4.3%。

近三年，转化"龙头"单位成长迅速，以转让、许可、作价投资方式转化科技成果合同金额 1 亿元以上的高校数量在总体上呈现增长趋势。2017 年签订的科技成果转化合同金额 1 亿元以上的高校数量为 10 家；2018 年达到了 16 家，同比增长 60%；2019 年为 13 家，比上一年下降 18.8%。2018 年当年合同金额达 1000 万元以上的高校有 91 家，这 91 家高校的当年合同金额占 1243 家高校当年合同金额的比例为 91.4%。2019 年当年合同金额达 1000 万元以上的高校有 104 家，这 104 家高校的当年合同金额占 1378 家高校当年合同金额的 91.1%。

为了能够更加准确地反映科技成果转化产生的实时经济效益，报告中的数据采集了各高校的转让、许可转化合同的当年到账金额。2018 年当年到账金额共计 15.3 亿元，同比增长 5.4%。2019 年当年到账金额共计 19.7 亿元，同比增长 29.7%。高价值成果转化效益凸显，2018 年以转让、许可、作价投

---

〔1〕　中国科技评估与成果管理研究会、国家科技评估中心、中国科学技术信息研究所编著：《中国科技成果转化年度报告 2020（高等院校与科研院所篇）》，科学技术文献出版社 2021 年版，第 143～162 页。

资三种方式转化科技成果单项合同金额超过 1 亿元的合同有 18 项，超过 5000 万元的合同有 28 项，超过 1000 万元的合同有 117 项。2019 年以转让、许可、作价投资三种方式转化科技成果单项合同金额超过 1 亿元的合同有 9 项，超过 5000 万元的合同有 18 项，超过 1000 万元的合同有 123 项。

《促进科技成果转化法》修正实施以来，科技成果转化政策体系逐步推进，在转化环境上也呈日益完善的趋势，高校逐渐重视科技成果转化，在落实科技成果转化系列政策法规的情况上表现较好。相关数据显示，高校科技成果转化在近些年实现了数量与质量的提升，科技成果转化的能力也随之提升，转化成效显著。由此表明，在国家持续推进"三权"下放的努力下，高校科研自主权的不断扩大激发了高校科技转化的热情和动力，政策效应逐步显现。

二、高校科技成果转化方式的主要特点和变化

转化方式变化的总体特点是：在转让、许可、作价投资三种方式中，科技成果转让是转化的主要方式，转让合同项数占转让、许可、作价投资三种方式合同总项数的比例超过七成。2019 年，以转让方式转化科技成果的合同项数为 8195 项，比上一年增长 39.3%；以许可方式转化科技成果的合同项数为 2915 项，比上一年增长 55.9%；以作价投资方式转化科技成果的合同项数为 296 项，比上一年增长 4.8%。转让合同项数占三种转化方式合同总项数的 71.8%。

高校以转让方式转化科技成果的合同金额、合同项数均有所增长。2019 年以转让方式转化科技成果的合同金额达到 22.7 亿元，比上一年增长 9.9%，合同项数为 8195 项，比上一年增长 39.3%；平均合同金额为 27.7 万元，比上一年下降 21.1%。在一般情况下，以转让方式转化的科技成果能比较好地满足市场需求，其类型主要为产品型或服务型技术，对技术成熟度和市场成熟度要求较高。对于高校、科研院所而言，转让科技成果有三个优势：一是可以获得较高的转让费，用转让费启动新的科研项目研发；二是降低知识产权的维护成本，通过转让转移给企业去维护；三是减少后续研发的工作量和费用，同时也减少了科技成果的存量。将科技成果转让可以实现双赢的效果，既可以充分发挥高校、科研院所在科研研发中的长处，也可以有效地利用企业在生产和市场上的便利。

高校以许可方式转化科技成果的合同项数显著增长，合同金额有所下降。2019 年以许可方式转化科技成果的合同金额为 25.2 亿元，比上一年下降了 6.9%，合同项数为 2915 项，比上一年增长 55.9%；平均合同金额为 86.5 万元，比上一年下降了 40.3%。对于高校院所而言，以许可为科技成果转化的方式优点明显，其既可以回应国家政策的倡导落实，又可以促进市场竞争，而且许可方式可以多次进行，能提高科技成果的收益，使其在更大的范围内应用，价值得到充分的发挥。但许可方式的缺点也显而易见，可以许可使用的科技成果一般直接应用于生产实践，因此对科技成果的成熟度有较高的要求。此外，高校、科研院所仍需对许可后的科技成果进行管理和升级维护，形成的后续压力较大。

高校以作价投资方式转化科技成果的合同项数显著增长，合同金额有所下降。2019 年以作价投资方式转化科技成果的合同金额为 24.0 亿元，比上一年下降了 12.6%，合同项数为 296 项，比上一年增长了 4.8%；平均合同金额为 810.0 万元，比上一年下降了 16.6%。一般而言，作价投资的科技成果具有较大的市场价值，要么属于颠覆性科学技术，要么会带来革命性的影响，使市场重新洗牌并占据一席之地。在面对转化高价值原创科技成果时，企业在转化方式的选择上更青睐于采用作价投资，因此作价投资成了高校高价值科技成果转化的重要方式。

总体而言，高校科技成果转化的主要特征有：一是转化项目量多面广，平均成交金额均有较大幅度的下降；二是转化项目数量增长幅度较大，且各种转化方式均是正增长。通过以上数据可以看出，科技成果转化合同项数仍在持续增长，高校科技成果转化活动日益增加，高校对科技转化保持较高的积极性；科技成果的成交价格逐渐理性，对企业转化科技成果有利；技术开发、咨询、服务活动非常活跃，体现产学研结合更加完善；成果转化的各项政策的落实情况较好。

但值得注意的是，高校的科技成果转化合同金额呈现出较大幅度的下降，其中以作价投资方式下降趋势明显，原因在于高价值科技成果的产出需要一定的研发周期，不具有连续性，同时成果转化渠道也有待畅通；以科技成果转让、许可和作价投资方式转化科技成果的数量和金额占四类合同的比例不高，表明高校、科研院所的创新潜力还有待继续挖掘。

三、高校科技成果转化存在的问题和对策建议

（一）存在的问题

通过数据分析，在对高校科技成果转化的现状分析基础上，发现目前高校科技成果方式存在以下两个方面的问题：①高校、科研院所的源头作用有待提高，科技成果转化工作仍不到位。加强科技成果转化，必须从贯彻落实科技成果转化政策、法律法规入手，从建立健全科技成果转化制度流程和工作体系入手，特别要从落实奖酬分配政策抓起；成果转化工作体系健全、制度完善、流程清晰且不断优化，可以为加强科技成果转化打好基础。从实践状况来看，目前仍有一定数量的高校没有明确科技成果转化的责任部门，没有建立技术转移机构或与市场化技术转移机构开展合作，没有专兼职技术转移人员，即总体上还没有开展科技成果转化工作。②以转让、许可和作价投资方式转化科技成果的项目数和合同金额占四类技术合同的比重偏低，且有下降趋势；科技成果转让、许可和作价投资往往投资大、周期长、风险高，一旦取得成功，对经济结构优化、产业结构升级等有较大的促进作用，因此如何提高科技成果转让、许可和作价投资的比率也是目前高校科技成果转化面临的主要问题。

（二）高校科技成果转化方式的对策建议

针对高校科技成果转化方式存在的问题，本章提出以下四点建议：

（1）持续推进科技成果转化法规政策的落实。完善政策措施，将工作重心从出台法规政策转到落实法规政策上，针对科技成果转化方式的相关政策进行细化和解读，加强对科技成果转化法规及配套政策落实情况的监测，检查督促有关法律法规与政策的有效落实。

（2）推动高校建立健全科技成果转化工作体系和制度流程，做到制度完善、流程清晰、激励到位，引导和促进科技人员投入科技成果转化活动中。在科技成果转化过程中，科技成果转化涉及面较广，高校需要得到专业的指导，应当根据科技成果的性质、自身优势等，灵活地选择适合的科技成果转化方式，提高自身的科技成果转化能力。

（3）统筹科研与成果转化，强化产学研深度融合。产学研融合，可使研究、开发、成果转化、产业化无缝连接，使供需双方相互借力，进而使

研发与成果转化进程加快，消除因信息不对称产生的不讲诚信、合作不紧密、风险收益不匹配等问题，从而不断提高高校在增强创新能力方面的源头作用。

（4）加强市场化、社会化科技成果转化服务体系建设。当前高校科技成果转化水平极其不平衡，这与科技成果转化专业服务不发达有一定的关系。一些高校由于规模不大、能力不强、专业度不高等因素，没有条件建立专门的技术转移机构和配备专职技术转移人才，影响了科技成果转化工作的开展。因此，完善科技成果转化专业服务体系，为高校科技成果转化提供高效率的专业服务，对有效促进高校科技成果转化具有积极的意义。

附录　本章研究内容涉及的立法规定汇总

表 2-1　关于科技成果转化方式的主要规定（法律、法规、规章）

序号	法律（法规）名称	颁布机关及时间	具体规定
1	促进科技成果转化法	全国人民代表大会常务委员会 2015 年	第十六条　科技成果持有者可以采用下列方式进行科技成果转化： （一）自行投资实施转化； （二）向他人转让该科技成果； （三）许可他人使用该科技成果； （四）以该科技成果作为合作条件，与他人共同实施转化； （五）以该科技成果作价投资，折算股份或者出资比例； （六）其他协商确定的方式。 第十七条　国家鼓励研究开发机构、高等院校采取转让、许可或者作价投资等方式，向企业或者其他组织转移科技成果。 国家设立的研究开发机构、高等院校应当加强对科技成果转化的管理、组织和协调，促进科技成果转化队伍建设，优化科技成果转化流程，通过本单位负责技术转移工作的机构或者委托独立的科技成果转化服务机构开展技术转移。

续表

序号	法律（法规）名称	颁布机关及时间	具体规定
			第十八条　国家设立的研究开发机构、高等院校对其持有的科技成果，可以自主决定转让、许可或者作价投资，但应当通过协议定价、在技术交易市场挂牌交易、拍卖等方式确定价格。通过协议定价的，应当在本单位公示科技成果名称和拟交易价格。
2	实施《中华人民共和国促进科技成果转化法》若干规定	国务院2016年	一、促进研究开发机构、高等院校技术转移 （一）国家鼓励研究开发机构、高等院校通过转让、许可或者作价投资等方式，向企业或者其他组织转移科技成果。国家设立的研究开发机构和高等院校应当采取措施，优先向中小微企业转移科技成果，为大众创业、万众创新提供技术供给。 国家设立的研究开发机构、高等院校对其持有的科技成果，可以自主决定转让、许可或者作价投资，除涉及国家秘密、国家安全外，不需审批或者备案。 国家设立的研究开发机构、高等院校有权依法以持有的科技成果作价入股确认股权和出资比例，并通过发起人协议、投资协议或者公司章程等形式对科技成果的权属、作价、折股数量或者出资比例等事项明确约定，明晰产权。
3	促进科技成果转移转化行动方案	国务院办公厅2016年	二、重点任务 （二）产学研协同开展科技成果转移转化。 6. 支持高校和科研院所开展科技成果转移转化。组织高校和科研院所梳理科技成果资源，发布科技成果目录，建立面向企业的技术服务站点网络，推动科技成果与产业、企

序号	法律（法规）名称	颁布机关及时间	具体规定
			业需求有效对接，通过研发合作、技术转让、技术许可、作价投资等多种形式，实现科技成果市场价值。依托中国科学院的科研院所体系实施科技服务网络计划，围绕产业和地方需求开展技术攻关、技术转移与示范、知识产权运营等。鼓励医疗机构、医学研究单位等构建协同研究网络，加强临床指南和规范制定工作，加快新技术、新产品应用推广。引导有条件的高校和科研院所建立健全专业化科技成果转移转化机构，明确统筹科技成果转移转化与知识产权管理的职责，加强市场化运营能力。在部分高校和科研院所试点探索科技成果转移转化的有效机制与模式，建立职务科技成果披露与管理制度，实行技术经理人市场化聘用制，建设一批运营机制灵活、专业人才集聚、服务能力突出、具有国际影响力的国家技术转移机构。
4	国家技术转移体系建设方案	国务院 2017 年	四、完善政策环境和支撑保障 （十六）加强知识产权保护和运营。完善适应新经济新模式的知识产权保护，释放激发创新创业动力与活力。加强对技术转移过程中商业秘密的法律保护，研究建立当然许可等知识产权运用机制的法律制度。发挥知识产权司法保护的主导作用，完善行政执法和司法保护两条途径优势互补、有机衔接的知识产权保护模式，推广技术调查官制度，统一裁判规范标准，改革优化知识产权行政保护体系。优化专利和商标审查流程，拓展"专利审查高速路"国际合作网络，提升知识产权质量。

序号	法律（法规）名称	颁布机关及时间	具体规定
5	关于深化科技体制改革落实创新驱动发展战略的意见	交通运输部 2016 年	二、加快政府职能转变 （七）促进科技成果转移转化。赋予高校和科研院所科技成果使用、处置和收益管理自主权，不再向主管部门审批或备案。允许科技成果通过协议定价、在技术市场挂牌交易、拍卖等方式转让、转化。对职务发明完成人、科技成果转化重要贡献人员和团队的奖励，计入当年工资总额，不计入工资总额基数。部属科研事业单位在符合国家相关法律法规章的前提下，可以根据发展需求，执行所在地省级党委、政府出台的相关激励政策。鼓励企事业单位、社会团体建立健全成果转移转化机制，加快科技服务机构发展。鼓励在工程招投标、职称评定等活动中采取措施促进科技成果转化。
6	深入实施《中华人民共和国促进科技成果转化法》若干细则	原农业部 2016 年	（二）规范成果处置 6. 科研院所可自主通过转让、许可或作价投资等方式，向企业或者其他组织转化科技成果。涉及国家秘密、国家安全、国家重大公共利益的，按国家有关法律法规要求的程序处置。不涉及国家秘密、国家安全、国家重大公共利益的，不需审批或者备案。 7. 科研院所实施成果转化时，应充分听取成果完成人意见。应通过协议定价、在技术交易市场挂牌交易、拍卖等市场化方式确定价格。协议定价的，应在本单位公示科技成果名称和拟交易价格，公示时间不少于 15 日，并明确公开异议处理程序和办法。

序号	法律（法规）名称	颁布机关及时间	具体规定
7	关于加强高等学校科技成果转移转化工作的若干意见	教育部、科技部 2016 年	一、全面认识高校科技成果转移转化工作。科技成果转化是高校科技活动的重要内容，高校要引导科研工作和经济社会发展需求更加紧密结合，为支撑经济发展转型升级提供源源不断的有效成果。高校要改革完善科技评价考核机制，促进科技成果转化。高校科技成果转移转化工作，既要注重以技术交易、作价入股等形式向企业转移转化科技成果；又要加大产学研结合的力度，支持科技人员面向企业开展技术开发、技术服务、技术咨询和技术培训；还要创新科研组织方式，组织科技人员面向国家需求和经济社会发展积极承担各类科研计划项目，积极参与国家、区域创新体系建设，为经济社会发展提供技术支撑和政策建议；高校作为人才培养的主阵地，更要引导、激励科研人员教书育人，注重知识扩散和转移，及时将科研成果转化为教育教学、学科专业发展资源，提高人才培养质量。二、简政放权鼓励科技成果转移转化。高校对其持有的科技成果，可以自主决定转让、许可或者作价投资，除涉及国家秘密、国家安全外，不需要审批或备案。高校有权依法以持有的科技成果作价入股确认股权和出资比例，通过发起人协议、投资协议或者公司章程等形式对科技成果的权属、作价、折股数量或出资比例等事项明确约定、明晰产权，并指定所属专业部门统一管理技术成果作价入股所形成的企业股份或出资比例。高校职务科技成果完成人和参加人在不变更职务科技成

序号	法律（法规）名称	颁布机关及时间	具体规定
			果权属的前提下，可以按照学校规定与学校签订协议，进行该项科技成果的转化，并享有相应权益。高校科技成果转移转化收益全部留归学校，纳入单位预算，不上缴国库；在对完成、转化科技成果做出重要贡献的人员给予奖励和报酬后，主要用于科学技术研究与成果转化等相关工作。
8	关于进一步推动高校落实科技成果转化政策相关事项的通知	教育部办公厅 2017 年	一、依法推进高校科技成果转移转化，落实相关激励政策 1. 维护职务科技成果权益。高校依法享有并自行使职务科技成果使用权、处置权和收益权。高校要按照《教育部 科技部关于加强高等学校科技成果转移转化工作的若干意见》（教技〔2016〕3号）要求，建立职务科技成果产权管理制度，明确登记、使用、处置的管理规范及办事流程，依法维护国家、学校和科技人员合法权益。
9	国家科技成果转移转化示范区建设指引	科技部 2017 年	三、重点示范任务 （一）推动高校和科研院所科技成果转移转化。支持高校、科研院所强化需求导向的科技研发，为科技成果转移转化提供高质量成果供给。鼓励高校、科研院所建立面向企业的技术服务网络，通过研发合作、技术转让、技术许可、作价投资等多种形式，实现科技成果市场价值。鼓励医疗机构、医学研究单位等构建协同研究网络，加快新技术、新产品应用推广。完善个人奖励分配、横向课题经费管理、兼职或离岗创业等制度。

序号	法律（法规）名称	颁布机关及时间	具体规定
10	关于技术市场发展的若干意见	科技部2018年	四、推动技术市场服务机构市场化专业化发展。大力发展一批社会化的技术市场服务机构，采取市场化运营机制，吸引集聚高端专业人才，提供专业化服务，促进高等学校、科研院所和企业之间技术交易和成果转化。对标国际一流技术转移机构运营模式，选择若干高等院校、科研院所开展高水平专业化技术转移机构示范，整合知识产权披露、保护、转让、许可、作价投资入股和无形资产管理等相关职能，建立专业化运营团队，形成市场化运营机制，在岗位管理、考核评价和职称评定等方面加强对技术转移机构人员的激励和保障，形成全链条的科技成果转化管理和服务体系。建设一批军民科技协同创新平台，为先进尖端技术快速进入国防科技创新体系和国防科技成果向民用领域转移转化提供渠道和服务保障。
11	关于进一步加大授权力度 促进科技成果转化的通知	财政部2019年	一、加大授权力度，简化管理程序（一）中央级研究开发机构、高等院校对持有的科技成果，可以自主决定转让、许可或者作价投资，除涉及国家秘密、国家安全及关键核心技术外，不需报主管部门和财政部审批或者备案。涉及国家秘密、国家安全及关键核心技术的科技成果转让、许可或者作价投资，授权中央级研究开发机构、高等院校的主管部门按照国家有关保密制度的规定进行审批，并于批复之日起15个工作日内将批复文件报财政部备案。（二）授权中央级研究开发机构、高等院校的主管部门办理科技成果作价投资形成国有股权的转让、无偿

序号	法律（法规）名称	颁布机关及时间	具体规定
			划转或者对外投资等管理事项，不需报财政部审批或者备案。纳入国有资本投资运营公司集中统一监管的，公司要按照科技成果转化授权要求，简化科技成果作价投资形成的国有股权管理决策程序，积极支持科技成果转化和科技创新。
12	关于提升高等学校专利质量促进转化运用的若干意见	教育部、国家知识产权局、科技部 2020年	三、组织实施 （二）加强政策引导。将专利转化等科技成果转移转化绩效作为一流大学和一流学科建设动态监测和成效评价以及学科评估的重要指标，不单纯考核专利数量，更加突出转化应用。遴选若干高校开展专业化知识产权运营或技术转移人才队伍培养，不断提升高校知识产权运营和技术转移能力。国家知识产权局加强对专利申请的审查力度，严把专利质量关。反对发布并坚决抵制高校专利申请量和授权量排行榜。 （四）创新许可模式。鼓励高校以普通许可方式进行专利实施转化，提升转化效率。支持高校创新许可模式，被授予专利权满三年无正当理由未实施的专利，可确定相关许可条件，通过国家知识产权运营相关平台发布，在一定时期内向社会开放许可。
13	赋予科研人员职务科技成果所有权或长期使用权试点实施方案	科技部等9部门 2020年	二、试点主要任务 （四）优化科技成果转化国有资产管理方式。 充分赋予试点单位管理科技成果自主权，探索形成符合科技成果转化规律的国有资产管理模式。高等院校、科研机构对其持有的科技成果，可以自主决定转让、许可或者作价

序号	法律（法规）名称	颁布机关及时间	具体规定
			投资，不需报主管部门、财政部门审批。试点单位将科技成果转让、许可或者作价投资给国有全资企业的，可以不进行资产评估。试点单位将其持有的科技成果转让、许可或作价投资给非国有全资企业的，由单位自主决定是否进行资产评估。
14	关于进一步推进高等学校专业化技术转移机构建设发展的实施意见	科技部、教育部 2020年	二、重点任务 (二) 明确成果转化职能。 在符合国家科技成果转化权属相关法律和政策前提下，高校赋予技术转移机构管理和转化（转让、许可、作价投资）科技成果（包括知识产权）的权利，授权技术转移机构代表高校和科研人员与需求方进行科技成果转移转化谈判。高校在有关制度中规定或通过订立协议约定高校、科研人员、技术转移机构各自的权利、义务和责任，按照服务质量、转化绩效确定技术转移机构的收益分配方式及比例。高校可以聘请社会化技术转移机构协助其开展科技成果转移转化工作。

第三章

高校科技成果权利归属、利益分享立法与实践研究[*]

　　高校是国家科研创造的重要力量，同时，科研创新也是现代高校的基本职能之一，科研水平是衡量我国高校综合实力的一项重要指标。为了提高高校优秀科研成果的产出量，我国高校普遍实施科研激励性政策，其中，在高校中，职务发明奖酬制度是激励性政策的重要方式，而奖酬的主要来源是各级政府每年通过财政拨款方式提供给高校开展科研创造活动，其目的是解决高校科研人员因为职务发明创造成果而产生的利益分配问题。而在分析职务发明奖酬的同时，对于职务发明权利归属的研究也不可或缺，二者存在有机联系。高校职务发明创造从构思到转化为具体成果一般要经历三个阶段，即构思阶段、产品的试验阶段和技术转化阶段。在这三个阶段中，权利归属主要存在于第一个阶段，利益分配的问题却存在于所有阶段。

　　目前，虽然我国多数高校对科研奖励政策在科研活动的类型、级别、金额等方面都作出了详细的划分规定，但是在职务发明奖酬规定的制定中仍然存在着一些问题。如对于奖酬主体限定存在缺陷、奖酬的标准缺乏科学合理性、奖酬政策的实施手段过于单一等。针对这些问题，本章将从法律、法规、部委规章、实践做法等方面进行研究，并就出现的问题提出完善的建议，期望通过具体的研究为进一步改进和完善我国高校科研奖励政策提供参考和借鉴。

---

　　[*]　刘沛豪，北方工业大学 2019 届民商法专业硕士研究生。

第一节　高校科技成果权利归属立法状况研究

一、涉及科技成果权利归属的法律规定

（一）规定的主要内容

目前，我国在法律层面上关于职务科技成果权利归属的规定主要集中在 2021 年实施的《民法典》、2015 年修正的《促进科技成果转化法》以及 2020 年修正的《专利法》。

《民法典》第 847 条对职务技术成果及职务技术成果财产权归属作出了规定：职务技术成果的使用权、转让权属于法人或者非法人组织的，法人或者非法人组织可以就该项职务技术成果订立技术合同。法人或者非法人组织订立技术合同转让职务技术成果时，职务技术成果的完成人享有以同等条件优先受让的权利。职务技术成果是执行法人或非法人组织的工作任务，或者主要是利用法人或非法人组织的物质技术条件所完成的技术成果。

另外，《专利法》对职务发明专利的归属作了较为详细的规定。《专利法》规定，单位可以获得职务发明的申请权，发明人或者设计人可以申请和取得非职务发明创造的权利；在完成一项发明创造主要利用的是单位的物质技术条件时，单位和发明人双方可以依据合同约定的方式确认权利归属；对于合作完成的发明或者是委托完成的发明，除非单位和发明者定有协议外，专利的申请权归完成或者共同完成的单位或者个人；在专利申请批准后，申请的单位或者个人为专利权人。而《促进科技成果转化法》规定单位和科研人员可按照合同约定确定权属，若事先未进行约定，则可以根据合作转化中有无新的发明创造产生明确权利的归属。

（二）规定的主要变化

根据我国有关科技成果权利归属的法律规定，我们可以发现，其在立法内容上有以下两个方面的变化：

一方面，权利归属的变化。我国关于职务技术成果权属的规定主要存在于《民法典》《专利法》和《促进科技成果转化法》中。其中，《专利法》于 1984 年制定，之后历经了 1992 年、2000 年、2008 年和 2020 年四次修正。具体变化如下：1984 年的《专利法》将职务发明权属分为专利的申请权和所有

权，此种分类在之后的修改中被一直延续下来。而在 1992 年对《专利法》的修正中，职务发明的规定沿用的是 1984 年的规定，即发明者如果是执行本单位的任务或者主要是利用本单位的物质条件所完成的职务发明，无论是全民所有制单位、集体所有制单位还是在中国境内的外资企业和中外合资经营企业，发明的申请权和最终的专利权都是归发明者所在的单位所有，发明者可以享有在发明上署名的权利；如果是非职务发明，申请权和专利权则归发明者所有。虽然 2000 年修正的《专利法》并没有给职务发明权属制度带来本质变化，但突破之处在于将意思自治原则运用于职务发明领域，即针对利用本单位的物质技术条件所完成的发明创造，允许发明人和单位订立合同约定相关知识产权的归属。与 1992 年一样，2008 年对职务发明的规定并未再进行修改，而是沿用了 2000 年的规定。最近的一次修正是 2020 年，此次新增了单位依法处置职务发明相关权利的规定。此处的修改，不仅可以更好地调动科研人员的积极性，为专利技术转化为实实在在的生产力提供保障，还有利于降低企业在专利转化实施过程中的风险。

2015 年修正的《促进科技成果转化法》与 1996 年的《促进科技成果转化法》相比，在职务发明权属上并未作出修改，只是在职务发明奖酬方面作了修改。

2020 年颁布的《民法典》第 847 条除了规定职务科技成果的权利归属，还明确了职务科技成果完成人的优先受让权等问题，是立法的一大进步。

另一方面，立法特点的变化。具体表现为以下三点：第一，职务发明权属模式由改革开放前的奖励变成了法律意义上的权利。第二，意思自治的逐步引进。如 2000 年修正的《专利法》的突破之处在于将意思自治原则运用于职务发明领域，即针对利用本单位的物质技术条件所完成的发明创造，允许发明人和单位订立合同约定相关知识产权的归属。但笔者认为，虽然契约自由已经在法律条文中有明确体现，但可约定的对象仅限于"利用本单位的物质技术条件所完成的发明创造"的权利归属，在适用范围上仍存在着对契约精神认知不明晰的问题。[1]第三，我国职务技术成果权利归属制度主要由《民法典》第 847 条、《专利法》第 6 条以及《专利法实施细则》第 12 条以

---

〔1〕 谢乒、梁成意："契约自由导向下的职务发明权属制度重构"，载《山西师大学报（社会科学版）》2018 年第 2 期，第 16 页。

及《促进科技成果转化法》第 40 条等相关条文所设定，形成了以《民法典》为基础，以《专利法》《促进科技成果转化法》为核心的我国职务技术成果权利归属制度体系。

二、相关法规的主要内容

（一）规定的主要内容

在法规层面上，关于职务科技成果权利归属的文件主要集中于国务院颁布的《实施〈中华人民共和国促进科技成果转化法〉若干规定》《关于优化科研管理提升科研绩效若干措施的通知》和国务院办公厅发布的《关于推广第二批支持创新相关改革举措的通知》中。

其中，国务院颁布的《实施〈中华人民共和国促进科技成果转化法〉若干规定》和《关于优化科研管理提升科研绩效若干措施的通知》规定高校院所和科研人员关于科技成果的归属问题可以采用约定的方式明确。除此之外，国务院颁布的《关于优化科研管理提升科研绩效若干措施的通知》和国务院办公厅发布的《关于推广第二批支持创新相关改革举措的通知》均提出了要开展赋予科研人员职务科技成果所有权或长期使用权试点的规定。

（二）对规定内容的分析

首先，根据国务院颁布的法规文件，赋予科研人员职务科技成果所有权已成为一种既定的国家政策。其中，2016 年国务院颁布的《实施〈中华人民共和国促进科技成果转化法〉若干规定》和 2018 年国务院颁布的《关于优化科研管理提升科研绩效若干措施的通知》规定单位和发明者可以以发起人协议、投资协议或者公司章程等形式对科研人员职务发明成果权属进行约定，如果没有约定，可以由项目承担单位自主处置。2018 年国务院办公厅发布的《关于推广第二批支持创新相关改革举措的通知》规定赋予科研人员一定比例的职务科技成果所有权，但对于比例的范围并未作出规定，且在实践中各省也未对赋予科研人员一定比例的职务科技成果所有权加以规定。

其次，立法上呈现出由法定权属逐渐变为约定权属模式的趋势。2016 年国务院颁布的《实施〈中华人民共和国促进科技成果转化法〉若干规定》和 2018 年国务院颁布的《关于优化科研管理提升科研绩效若干措施的通知》都规定单位和发明者可以采用约定的形式来确定权利的归属。因为随着社会分工的逐渐细化和全球化的不断加深，科技成果的研发成功可能无法再由某一个企业或者科研机构独自完成，往往需要两个及以上的单位或者个人协力完成。为了顺应时代的潮流，以往的职务发明的权属的配置也不应该再局限于单一的单位与单一的发明者。随着职务科技成果所形成的法律关系不再像以往单一，以及现在发明创造具有高投入、高风险等特征，单位了解发明的细节和获得发明权属的诉求愈发强烈，往日的职务科技成果的法定权属模式的弊端逐渐显露出来，[1]使得更多的组织愿意采用约定的方式与发明者约定发明成果的权属。

三、其他规章的主要内容

(一) 规定的主要内容

各部委有关高校职务技术成果权属的规定主要存在于以下三个文件：教育部、科技部发布的《关于加强高等学校科技成果转移转化工作的若干意见》、教育部、国家知识产权局和科技部发布的《关于提升高等学校专利质量促进转化运用的若干意见》以及科技部等9部门发布的《赋予科研人员职务科技成果所有权或长期使用权试点实施方案》。

其中，教育部、科技部发布的《关于加强高等学校科技成果转移转化工作的若干意见》规定高校有权与发明者约定产权归属。而教育部、国家知识产权局和科技部发布的《关于提升高等学校专利质量促进转化运用的若干意见》则规定，在专利经过评估的情况下，高校决定不申请专利的职务科技成果，高校应当与发明人订立书面合同，依照法定程序转让专利申请权或者专利权，允许发明人自行申请专利，获得授权后专利权归发明人所有。而科技部等9部门发布的《赋予科研人员职务科技成果所有权或长期使用权试点实施方案》规定，在一般情况下，国家设立的高校院所获得职务发明所有权，但为了激发发明者的创造积极性，试点单位可以将除了影响国家、国防、公共、经济安全等情形之外的成果的所有权在满足相应条件的情况下授予成果完成人，在满足相应条件时，试点单位还可以赋予成果完成人长期使用权。

(二) 对规定内容的分析

首先，三部规章的制定主体主要以教育部为主。在各部委制定的规章中，

---

[1] 刘鑫："职务发明权利归属的立法变革与制度安排——兼评《专利法修订草案（送审稿）》第6条"，载《法学杂志》2018年第2期，第134页。

关于高校职务发明权属的规定主要集中在教育部的规定中。根据教育部颁布的两部关于职务发明有关的内容可知，在职务科技成果的权利归属上，规定了给予高校和科技成果完成人一定的权利，允许高校与完成人通过约定以及开展所有权改革探索更好的平衡各方利益的措施。其中，2016 年教育部和科技部发布的《关于加强高等学校科技成果转移转化工作的若干意见》只是规定职务科技成果完成人有与单位依法约定合作的知识产权归属和权益分配的权利，但规定比较笼统，不利于保护职务科技成果完成人的权益。2020 年教育部、国家知识产权局、科技部发布的《关于提升高等学校专利质量促进转化运用的若干意见》对高校和职务科技成果完成人的权属进行了比较具体的规定，在专利申请完成评估后，如果高校决定不申请专利，允许职务科技成果完成人申请专利。此规定有利于更好地明确权属关系，激发高校科研人员的发明热情，进而更好地促进科技成果的转化。

其次，三部规章均以国务院颁布的相关规定为基础，结合高校实际制定符合自身的规定。2020 年教育部、国家知识产权局、科技部发布的《关于提升高等学校专利质量促进转化运用的若干意见》在规定双方约定的基础之上，进一步扩大了高校的自主权。高校可以通过开展职务科技成果所有权改革的方式，制定适合本校的职务科技成果权属制度。

最后，科技部等 9 部门印发《赋予科研人员职务科技成果所有权或长期使用权试点实施方案》。该方案的出台既进一步激发了科研人员的创新和科研的积极性，又有利于科研转化率的提高，从而促进科技与经济深度融合，推动经济高质量发展。其中，所谓"赋权"，是指科研人员在完成单位的任务后，可以按照约定获得成果所有权或长期使用权，同时，各方根据自己所获得的权利份额与比例获得相应的利益以及相应的责任。"赋权"的措施最早见于西南交通大学制定的《西南交通大学专利管理规定》。《西南交通大学专利管理规定》规定学校和有关的职务发明人可以按照 3∶7 的比例共享专利权。西南交通大学此项规定的出台不仅为各高校所有权赋权的具体操作指明了方向，也为科技部等 9 部门印发的《赋予科研人员职务科技成果所有权或长期使用权试点实施方案》提供了参考。《赋予科研人员职务科技成果所有权或长期使用权试点实施方案》在权利归属上明确了试点单位的范围和禁止赋权的类别。其与其他关于职务科技成果权属的规定最主要的不同之处是，该方案规定并非所有的成果都可以赋权，只有在权属清晰、有明确的应用前景以及科研人员有强烈的转化意愿时方可实行。此规定通过细化赋权条件和范围，降低了认定时不规范、不具体的弊端，可以更好地激发科研人员的科研热情和提高科研成果的应用效率。同时，该方案明确了职务科技成果长期使用权应不低于 10 年。

第二节　高校职务科技成果奖酬及利益分享立法状况研究

一、法律层面：立法内容及立法分析

（一）法律规定的内容

在法律层面，关于职务发明奖酬的规定主要存在于《民法典》《专利法》和《促进科技成果转化法》中。《民法典》第 849 条规定："完成技术成果的个人享有在有关技术成果文件上写明自己是技术成果完成者的权利和取得荣誉证书、奖励的权利。"《专利法》第 15 条规定在单位申请的专利被授予后，发明人可以根据发明的推广范围和获得的经济效益获得相应的报酬。报酬的形式不限于现金奖励，还可以实行产权激励，采取股权、期权、分红等方式。[1] 而《促进科技成果转化法》第 44 条明确了作出重要贡献的人员在科技成果被转化后有与单位约定获得奖励和报酬的权利。第 45 条对在单位和科研人员没有约定的情况下，对作出重要贡献的人员奖励和报酬的获得方式和比例作出了具体规定。

（二）立法变化及特点分析

首先，立法变化。《专利法》于 1984 年颁布，规定了职务发明奖酬制度的问题，即持有专利权的单位可以根据发明成果获得的效益和推广的范围给予发明者奖酬。虽然在 1992 年对该法进行了修正，但对职务发明的有关法条并未修正。由于 2000 年中国加入世贸组织以及经济发展的需要，2000 年修正的《专利法》将之前第 16 条中的"奖励"修改为"合理的报酬"，并在配套的实施细则中将适用主体缩小为国有企业事业单位，对其他所有制企业并无

---

[1] 《专利法》第 15 条规定："被授予专利权的单位应当对职务发明创造的发明人或者设计人给予奖励；发明创造专利实施后，根据其推广应用的范围和取得的经济效益，对发明人或者设计人给予合理的报酬。国家鼓励被授予专利权的单位实行产权激励，采取股权、期权、分红等方式，使发明人或者设计人合理分享创新收益。"

强制性规定。2010 年修订的《专利法实施细则》对合理报酬的具体数额进行了具体规定，如将之前发明专利、实用新型或外观设计的奖励分别增加了1000 元和 500 元，同时主体不再限于国有企业事业单位，而是扩大为所有的企业、事业单位。最近的一次修正是 2020 年，《专利法》将之前的第 16 条改为第 15 条，并增加了鼓励单位以产权激励，采取股权、期权、分红等方式奖励发明人的规定。该规定对奖励的方式不再限于金钱奖励这一种方式，此举有利于减轻中小企业（尤其是初创企业）在专利实施以及运营初期的负担。

2015 年修正的《促进科技成果转化法》与 1996 年制定的《促进科技成果转化法》相比，主要变化是更加注重结果的落实以及增强激励的效果。[1] 2015 年《促进科技成果转化法》在收益的处置权上明确了单位所获得的收入无需上缴国库，可以由单位自主处置。同时，明确了国有企业、事业单位给予科技人员奖励和报酬的支出不受当年本单位工资总额限制，此举为单位奖励的落实打通了制度障碍，从而达到了激励发明人积极性的效果。

其次，立法特点。职务科技成果在利益分享、奖励机制方面的立法特点主要有两点。一是立法的内容不断体系化、科学化。其一，立法体系逐渐完善。《民法典》专门对职务科技成果作出规定，内容涉及定义、权利归属和利益分享等。《专利法》从 1984 年到 2020 年经历了四次修正，而与之相配套的《专利法实施细则》也经历了三次修订。此外，《促进科技成果转化法》和《职务发明条例草案》中也有关于职务发明奖酬的规定。虽然《职务发明条例草案》仍未正式出台，但可以看出国家逐渐开始加大对职务科技成果的重视。这四部法律分别从原则和具体实施的角度来规定职务发明奖酬制度，构成了一个相对完整、具体、科学的法律体系。其二，条款的表述不断与时俱进。随着我国经济社会的不断发展，《专利法》和《专利法实施细则》中原有的表述已经无法满足时代的需要，需要对职务科技成果奖酬的部分表述进行细化和改变。比如，《专利法》第 15 条是关于奖酬给付义务主体的规定。将原有的"专利权的所有单位或者持有单位"改为"被授予专利权的单位"。其三，丰富了奖酬支付的模式。在职务科技成果奖酬的计算和支付的规定中，由最初的"单位规定"奖酬的数额和方式修改为"约定模式"，遵循"约定优先、

---

〔1〕　陈宝明："《促进科技成果转化法》修订的意义与主要内容"，载《中国高校科技》2016 年第 Z1 期，第 17 页。

法定补充"，体现出了《专利法》的民法属性，也符合意思自治原则。[1]二是不断强化保护职务科技成果完成人的权益。《民法典》明确了完成技术成果个人的财产权和人身权，修正后的《专利法》将约定优先原则引入法律：之前《专利法》对职务发明权属和奖酬的规定为"单位优先"，现在修改为"约定优先"。同时，《专利法实施细则》《促进科技成果转化法》等法律也已经在形式上为实现职务科技成果奖酬的公平合理分配提供了实施的途径。

最后，提高了职务科技成果奖酬的比例。从《专利法》角度看，从原来表述的"提取不低于20%的比例"提高到不低于50%，此种修改大幅度提高了发明人获得奖酬的比例，也为单位制定更加科学的激励政策提供了指导。

二、法规层面：规定的内容及具体分析

（一）规定的主要内容

法规层面上关于利益分享、奖励机制的规定主要集中在以下四个文件中：国务院颁布的《实施〈中华人民共和国促进科技成果转化法〉若干规定》《国家技术转移体系建设方案》《关于优化科研管理提升科研绩效若干措施的通知》、国务院办公厅发布的《关于抓好赋予科研机构和人员更大自主权有关文件贯彻落实工作的通知》。

其中，《实施〈中华人民共和国促进科技成果转化法〉若干规定》规定，对于国家设立科研院所，在制定转化科技成果收益分配制度时，应听取本单位科技人员的意见并在本单位公开。除了奖励主要科研工作者外，规定了可以奖励作出重要贡献的其他人员。另外，不同类型担任领导职务的科技人员也有获得科技成果转化奖励的权利，并明确了标准。在是否纳入绩效工资方面，《国家技术转移体系建设方案》规定发明者因依法取得的成果转化奖励收入，无需纳入绩效工资。在赋予发明权上，也有文件进行了规定。《关于优化科研管理提升科研绩效若干措施的通知》决定开展赋予科研人员职务科技成果所有权或长期使用权试点，同时规定职务科技成果的权属有约定的从约定，没有约定的，归单位处置。上述三个文件虽然明确了高校及科研人员可以根据职务科技成果获得相应的权利，但是从实践情况来看，各地发展状况不同，

---

[1] 邬晨牧："我国职务发明奖酬立法现状探究"，载《湖南科技学院学报》2017年第9期，第105页。

统一适用相同的标准有违具体问题具体分析的原则。所以，《关于抓好赋予科研机构和人员更大自主权有关文件贯彻落实工作的通知》就要求各个高校根据《促进科技成果转化法》的规定，制定符合自身的管理办法。

（二）对规定内容的分析

首先，立法变化。职务科技成果奖酬在立法上的变化有两个方面：一方面，由相对固定变为按实际情况制定奖酬规定。比如，国务院办公厅发布的《关于支持国家级新区深化改革创新加快推动高质量发展的指导意见》就规定鼓励国家级新区对科研人员实行兼职兼薪、按劳取酬。而国务院颁布的《关于优化科研管理提升科研绩效若干措施的通知》则明确了对于在发明成果中具有重要贡献的人员，单位应当加大该类科研人员的薪酬激励。同时，对全职承担科研任务的团队负责人以及引进的高端人才，实行清单式管理和年薪制等管理和薪酬制度。[1]另外，允许单位可以将国家关键领域核心技术攻关项目费用，间接提取绩效支出并向承担任务的中青年科研骨干倾斜。另一方面，从《实施〈中华人民共和国促进科技成果转化法〉若干规定》到《关于支持国家级新区深化改革创新加快推动高质量发展的指导意见》，对于科技成果利益分享、奖励的规定逐渐精细化；从《实施〈中华人民共和国促进科技成果转化法〉若干规定》中不分地区、不分人员重要性一律按照法律规定的比例去奖励发明者，到后来《关于优化科研管理提升科研绩效若干措施的通知》以及《关于支持国家级新区深化改革创新加快推动高质量发展的指导意见》等，通过对发明者所在的地区、发明创造的重要性等因素的考察进一步规定不同发明者可以获得的报酬，这种调整更有利于激发发明者的积极性。

其次，立法特点。上述四部文件关于高校职务科技成果奖酬的规定内容存在两个特点：第一，具有科学性。如《实施〈中华人民共和国促进科技成果转化法〉若干规定》创造性地对非领导职务和担任领导职务的科技人员所获得的报酬分别进行了规定。又如，《关于支持国家级新区深化改革创新加快推动高质量发展的指导意见》规定高校、科研院所和国有企业的科技人才可以按照相应的规定在新区从事科研工作，这就使之前科研人员在主职工作以外所获得的合法收入从"灰区"走到了"阳光"下，有利于更充分地发挥科研人员的创造性。第二，具有可操作性。《实施〈中华人民共和国促进科技

---

〔1〕 吴肖梦："高校经费资源对其办学绩效表现的影响研究"，浙江大学 2016 年硕士学位论文。

成果转化法〉若干规定》规定了以技术转让或者许可以及作价投资方式来转化职务科技成果所应给予的奖励，并对在研究开发和科技成果转化中作出重要贡献的人员应获得的奖励进行了最低比例的规定，这样的规定有利于相关单位制定符合本单位实际的奖酬，也有利于保障职务科技成果完成人的合法权益。

三、部门规章：主要内容、特点与创新

（一）主要内容

在各部委中，规定涉及职务科技成果利益分享、奖励机制的主要包括教育部、科技部、交通运输部、财政部、国家税务总局以及人力资源和社会保障部等部门颁布的相关规定。

教育部和科技部制定的《关于加强高等学校科技成果转移转化工作的若干意见》、交通运输部制定的《促进科技成果转化暂行办法》、教育部办公厅制定的《关于进一步推动高校落实科技成果转化政策相关事项的通知》中关于职务方面利益分配的内容主要是在国务院《实施〈中华人民共和国促进科技成果转化法〉若干规定》的基础之上作出进一步规定。比如，教育部和科技部制定的《关于加强高等学校科技成果转移转化工作的若干意见》规定高校科技人员与企业开展合作，应根据《合同法》和《促进科技成果转化法》进行处理；高校与合作单位的经费支出按照合同或协议约定执行，净收入可按照学校相关规定对科技人员给予奖励和报酬。国家税务总局发布的《关于科技人员取得职务科技成果转化现金奖励有关个人所得税征管问题的公告》规定非营利性科研机构和高校向科技人员发放职务科技成果转化现金奖励的，应于发放之日的次月 15 日内，向主管税务机关报送《科技人员取得职务科技成果转化现金奖励个人所得税备案表》。同时，非营利性科研机构和高校在填报《扣缴个人所得税报告表》时需要注明"科技人员现金奖励免税部分"字样。而财政部、国家税务总局、科技部发布的《关于科技人员取得职务科技成果转化现金奖励有关个人所得税政策的通知》明确了现金奖励的含义：向科技人员发放现金奖励时，需要按《个人所得税法》规定代扣代缴个人所得税，并按规定向税务机关履行备案手续，同时规定现金奖励是指非营利性科研机构和高校在取得科技成果转化收入三年（36 个月）内奖励给科技人员的现金。人力资源和社会保障部发布的《关于进一步支持和鼓励事业单位科研

人员创新创业的指导意见》规定事业单位应当与流动岗位人员订立协议，明确成果归属等内容。科技部等6部门印发的《关于扩大高校和科研院所科研相关自主权的若干意见》要求加大高校和科研院所人员科技成果转化股权期权激励力度。教育部、国家知识产权局、科技部发布的《关于提升高等学校专利质量促进转化运用的若干意见》按照高校与发明人进行所有权分割和不进行分割的两种情况分别规定了承担专利费用以及高校和发明者承担专利费用后如何分配收益的情况。为优化专利资助奖励政策，对于专利申请的资助奖励要停止，转而通过提高转化收益比例等"后补助"方式对发明人或团队予以奖励。科技部等9部门发布的《赋予科研人员职务科技成果所有权或长期使用权试点实施方案》规定，试点单位应根据科研人员的意愿，采取不同激励方式，对于同一科技成果转化不进行重复激励，并且要求职务科技成果转化收益分配机制需与对成果转化的实际贡献相匹配。

（二）立法特点及创新

首先，立法特点。主要体现在两个方面：①职务科技成果奖酬立法的科学性、体系性逐渐完善。[1]关于职务科技成果奖酬的规定，在《专利法》对奖酬的标准、比例有所规定的基础上，相关部委还在其部门的规章中对保障职务科技成果奖酬落实以及后续交易等作出了细化规定。2018年财政部、国家税务总局和科技部发布的《关于科技人员取得职务科技成果转化现金奖励有关个人所得税政策的通知》规定高校从职务科技成果转化收入中给予科技人员的现金奖励，可减按50%计入科技人员当月"工资、薪金所得"，使奖酬更具有科学性和严密性。②对高校适用的规定比较多。具体除了教育部，还有交通运输部、科技部、人力资源和社会保障部以及财政部等部委也在相关文件中制定了与高校有关的规定。而在制定内容上最突出的变化有三点：一是奖励对象更加细化。比如，2016年教育部和科技部颁布的《关于加强高等学校科技成果转移转化工作的若干意见》、2017年教育部办公厅颁布的《关于进一步推动高校落实科技成果转化政策相关事项的通知》和2017年交通运输部颁布的《促进科技成果转化暂行办法》，均对高校科研人员和高校领导的奖酬作了分别规定。二是鼓励高校和发明者通过约定的方式确定奖酬。2019年人力资源和社会保障部颁布的《关于进一步支持和鼓励事业单位科研人员

---

〔1〕 桑娇阳："我国职务发明奖酬制度研究"，苏州大学2018年硕士学位论文。

创新创业的指导意见》和 2020 年科技部、教育部印发的《关于进一步推进高等学校专业化技术转移机构建设发展的实施意见》规定，高校根据有关制度的规定，通过订立协议等方式约定高校、科研人员、技术转移机构的收益分配方式及比例等内容。三是奖酬的形式多元化。2019 年科技部等 6 部门印发的《关于扩大高校和科研院所科研相关自主权的若干意见》和 2020 年教育部、国家知识产权局和科技部发布的《关于提升高等学校专利质量促进转化运用的若干意见》规定可以用股权激励、"后补助"等方式对发明者进行奖励。

其次，不同的文件均有其创新之处。上述各部委颁布的文件中关于职务技术成果奖酬规定的创新之处主要体现为：针对奖酬的方式，原农业部颁布的《深入实施〈中华人民共和国促进科技成果转化法〉若干细则》规定可以通过股权、岗位分红权等进行激励；原国家粮食局颁布的《关于大力促进粮食科技成果转化的实施意见》规定可以股权出售、股权奖励、股票期权、项目收益分红、岗位分红等方式激励科技人员开展科技成果转化；原国家食品药品监督管理总局颁布的《关于促进科技成果转化的意见》除了规定可以进行物质方面的奖励，也对采用通报表扬等精神层面的奖励方式作出了规定。此外，交通运输部颁布的《促进科技成果转化暂行办法》规定，科技成果转化给予科技人员的奖励和报酬在成果完成人和为成果转化作出重要贡献的其他人员之间的分配，由其内部协商确定。原国家质检总局颁布的《关于促进科技成果转化的指导意见》提出要建立科技人员离岗创业管理制度。此外，财政部、科技部、国资委颁布的《国有科技型企业股权和分红激励暂行办法》对股权激励对象以及需要满足的条件作出了限定，并按照企业的大小，对股权激励总额不超过企业总股本的比例进行了规定。最后，科技部等 9 部门颁布的《赋予科研人员职务科技成果所有权或长期使用权试点实施方案》规定试点单位可以采取转化前赋予职务科技成果所有权、转化后奖励现金、股权等激励方式，并对不得对同一科技成果转化进行重复激励进行了限制。[1]上述这些规定为高校奖励科研人员提供了指导方向，对维护职务科技成果完成人的利益、促进高校科技成果转化具有积极的推动意义。

---

[1] 侯媛媛、刘艳丽："'适度放权'科技成果权利归属政策对国防科技工业的启示"，载《中国军转民》2020 年第 8 期，第 66 页。

第三节　高校科技成果转化奖励机制实践状况分析

一、数据来源

本部分的数据来源于由中国科技评估与成果管理研究会、国家科技评估中心、中国科学技术信息研究所联合发布的《中国科技成果转化年度报告（高等院校与科研院所篇）》，以 2019 年、2020 年两个年度报告为研究依据，对其公布的相关数据进行归纳、总结和分析。

二、数据分析

表 3-1　高校科技成果转化收入分配和奖励主要以现金和股权方式奖励发明人的金额

年份	金额/万元
2018	128.00
2019	107.60

表 3-2　个人和研发与转化主要贡献人员获得现金和股权奖励金额

年份	个人/万元	研发与转化主要贡献人员/万元
2018	67.40	63.50
2019	53.10	47.60

表 3-3　中央和地方关于现金和股权收入奖励情况

年份	中央所属高校院所				地方所属高校院所			
	现金		股权收入		现金		股权收入	
	个人	研发与转化主要贡献人员/万元	个人	研发与转化主要贡献人员/万元	个人	研发与转化主要贡献人员/万元	个人	研发与转化主要贡献人员/万元
2018	14.50	13.10	15.20	12.70	10.50	8.30	4.70	4.40
2019	16.90	15.30	20.30	16.90	14.10	10.80	6.30	6.10

首先，从整体上看，与 2018 年相比，2019 年以转让、许可、作价投资方

式转化科技成果获得的现金和股权收入同比下降了 24.5%。其中,个人获得的现金和股权金额比 2018 年下降了 23.6%,研发与转化主要贡献人员所获得的现金和股权奖励金额比 2018 年增长了 26.2%。同时,奖励个人金额占现金和股权收入总额的比例超过了 50%,奖励研发与转化主要贡献人员金额占奖励个人金额的比例超过了 90%。人均获得的现金和股权收入占现金和股权收入的比例由 2018 年的 52.7%下降到了 2019 年的 49.4%,研发与转化主要贡献人员获得的奖励占奖励个人总金额的比例也由 2018 年的 94.1%下降到了 2019 年的 89.6%。这些数据虽然较上一年均有所降低,但也基本达到了《促进科技成果转化法》和国务院颁布的《实施〈中华人民共和国促进科技成果转化法〉若干规定》所要求的比例,说明相应政策的红利显著释放,科技创富效应逐步显现。

三、北京地区高校及科研机构奖励发明者情况分析

表 3-4　2018 年和 2019 年北京市高校及科研机构奖励个人现金和股份总金额

年份	2018 年		2019 年	
排名	单位名称	奖励个人金额/万元	单位名称	奖励个人金额/万元
1	中国科学院工程热物理研究所	96 673.28	清华大学	27 845.00
2	清华大学	45 582.04	中国科学院计算技术研究所	5189.46
3	中国科学院物理研究所	16 238.05	中国科学院工程热物理研究所	4421.00
4	中国科学院力学研究所	8817.20	交通运输部公路科学研究所	3340.20
5	北京理工大学	7226.88	中国科学院半导体研究所	3266.50
6	中国环境科学研究所	4650.09	北京大学	3111.45
7	中国科学院自动化研究所	4374.75	中国科学院动物研究所	2399.82
8	北京化工大学	3588.90	中国科学院自动化研究所	2122.86
9	北京交通大学	3136.60	中国科学院国家空间科学中心	1934.13
10	国家新闻出版广电总局广播科学研究院	2674.61	北京化工大学	1726.00

续表

年份	2018 年		2019 年	
11	中国科学院微电子研究所	2660.00	中国科学院微电子研究所	1662.17
12	中国科学院声学研究所	2400.00	中国农业科学院植物保护研究所	1521.00
13	北京大学	2291.45	中国农业大学	1456.50
14	中国科学院化学研究所	2189.62	北京交通大学	1447.11
15	中国农业科学院农业质量标准与检测技术研究所	1610.00	北京航空航天大学	1365.19
16	中国科学院埋化技术研究所	1414.00	北京邮电大学	1294.90
17	中国农业科学院农业资源与农业区划研究所	1371.00	中国医学科学院医学实验动物研究所	1183.00
18	中国科学院高能物理研究所	1367.33	北京市农林科学院	1137.95
19	北京市农林科学院玉米研究中心	1327.60	中国农业科学院农业质量标准与检测技术研究所	1098.48
20	中国特种设备检测研究院	1319.88		
21	中国农业大学	12 611.60		
22	中国农业科学院蔬菜花卉研究所	1232.92		
23	中国医学科学院药物研究所	1191.00		
总计	23	225 948.80	19	67 522.72

表3-5　2018 年和 2019 年北京市高校奖励个人现金和股份总金额

排名	2018 年		2019 年	
	高校名称	奖励个人金额/万元	高校名称	奖励个人金额/万元
1	清华大学	45 582.04	清华大学	27 845.00
2	北京理工大学	7226.88	北京大学	3111.45

续表

排名	2018 年		2019 年	
	高校名称	奖励个人金额/万元	高校名称	奖励个人金额/万元
3	北京化工大学	3588.90	北京化工大学	1726.00
4	北京交通大学	2668.28	中国农业大学	1456.50
5	北京大学	2291.45	北京交通大学	1447.11
6	中国农业大学	1261.60	北京航空航天大学	1365.19
7	首都医科大学	637.10	北京邮电大学	1294.90
8	北京工业大学	538.50	北京科技大学	841.80
9	北京科技大学	480.84	北京工业大学	704.23
10	中国人民大学	362.37	首都医科大学	493.85
11	北京石油化工学院	315.80	中国石油大学（北京）	435.31
12			华北电力大学	381.88
总数	11	64 953.76	12	41 103.22

表 3-6　2018 年和 2019 年北京市科研院所奖励个人现金和股份总金额

排名	2018 年		2019 年	
	单位名称	奖励个人金额/万元	单位名称	奖励个人金额/万元
1	中国科学院工程热物理研究所	96 673.28	中国科学院计算技术研究所	5189.46
2	中国科学院物理研究所	16 238.05	中国科学院工程热物理研究所	4421.00
3	中国科学院力学研究所	8817.20	中国科学院半导体研究所	3266.50
4	中国环境科学研究所	4650.09	中国科学院动物研究所	2399.82
5	中国科学院自动化研究所	4374.75	中国科学院自动化研究所	2122.86
6	国家新闻出版广电总局广播科学研究院	2674.61	中国科学院国家空间科学中心	1934.13
7	中国科学院微电子研究所	2660.00	中国科学院微电子研究所	1662.17

续表

排名	2018 年		2019 年	
	单位名称	奖励个人金额/万元	单位名称	奖励个人金额/万元
8	中国科学院声学研究所	2400.00	中国农业科学院植物保护研究所	1521.00
9	中国科学院化学研究所	2189.62	中国农业科学院农业环境与可持续发展研究所	1332.00
10	中国农业科学院农业质量标准与检测技术研究所	1610.00	中国医学科学院医学实验动物研究所	1183.00
11	中国科学院理化技术研究所	1414.00	中国测绘科学研究所	1149.27
12	中国农业科学院农业资源与农业区划研究所	1371.00	北京市农林科学院	1137.95
13	中国科学院高能物理研究所	1367.33	中国农业科学院农业质量标准与检测技术研究所	1098.48
14	北京市农林科学院玉米研究中心	1327.60	中国科学院信息工程研究所	1008.00
15	中国特种设备检测研究院	1319.88	中国检验检疫科学研究院	972.47
16	中国农业科学院蔬菜花卉研究所	1232.92	中国科学院空天信息创新研究所	900.00
17	中国医学科学院药物研究所	1191.00	中国科学院生物物理研究所	873.24
18	中国科学院微生物研究所	1038.10	中国科学院过程工程研究所	581.37
19	北京市农林科学院农业信息与经济研究所	963.30	中国科学院化学研究所	528.81
20	中国农业科学院农产品加工研究所	934.98	中国科学院微生物研究所	497.33
21	中国农业科学院农业环境与可持续发展研究所	906.00	北京市科学技术研究所	393.13
22	中国测绘科学研究院	714.88	北京市劳动保护科学研究所	344.77
23	中国林业科学研究院	691.10	中国农业科学院北京畜牧兽医研究所	336.23
24	北京市农林科学院蔬菜研究中心	676.21		

续表

排名	2018 年		2019 年	
	单位名称	奖励个人金额/万元	单位名称	奖励个人金额/万元
25	中国农业科学院作物科学研究所	625.80		
26	中国农业科学院饲料研究院	504.00		
27	中国科学院遗传与发育生物学研究所	502.00		
28	中国科学院生物物理研究所	484.49		
29	中国农业科学院植物保护研究所	441.18		
30	中国科学院过程工程研究所	422.76		
31	中国科学院信息工程研究所	409.00		
32	中国信息通信研究院	361.36		
总数	32	161 186.49	23	34 852.99

表 3-7　2018 年和 2019 年北京市高校奖励个人现金和股份总金额

排名	2018 年		2019 年	
	高校名称	奖励个人金额/万元	高校院所	奖励个人金额/万元
1	首都医科大学	637.10	北京工业大学	704.23
2	北京工业大学	538.50	首都医科大学	493.85
3	北京石油化工学院	315.80		
总计	3	1491.40	2	1198.08

表 3-8　2018 年和 2019 年北京市属科研院所奖励个人现金和股份总金额

排名	2018 年		2019 年	
	单位名称	奖励个人金额/万元	单位名称	奖励个人金额/万元
1	北京市农林科学院玉米研究中心	1327.60	北京市农林科学院	1137.95

续表

排名	2018 年		2019 年	
	单位名称	奖励个人金额/万元	单位名称	奖励个人金额/万元
2	北京市农林科学院农业信息与经济研究所	963.30	北京市科学技术研究所	393.13
3	北京市农林科学院蔬菜研究中心	676.21	北京市劳动保护科学研究所	344.77
总数	3	2967.11	3	1875.85

首先，由表3-4、表3-5、表3-6可知：在 2018 年全国前 100 名高校及科研机构关于奖励个人现金和股份总金额的排名中，北京地区共有 23 所高校及科研院所上榜。其中奖励个人金额达到 225 948.8 万元。而在 2019 年的排名中，北京地区的高校及科研院所上榜数量减少了 4 所，奖励个人金额从 225 948.8 万元降低到了 67 522.72 万元，降幅达到 70.12%。在 2018 年全国前 100 高校关于奖励个人现金和股份总金额的排名中，北京地区共有 11 所高校上榜，其中奖励个人金额达到 64 953.76 万元。而在 2019 年的排名中，北京地区的高校上榜数量增加了 1 所，奖励个人金额从 64 953.76 万元降低到 41 103.22 万元，降低了 39.13%。在 2018 年全国前 100 名科研院所关于奖励个人现金和股份总金额的排名中，北京地区共有 32 所科研院所上榜，其中奖励个人金额达到 161 186.49 万元。而在 2019 年的排名中，北京地区的科研院所上榜数量减少了 9 所，奖励个人金额从 161 186.49 万元减少到了 34 852.99 万元，减少了 78.38%。另外，2018 年科研院所对个人的奖励数额高于高校的奖励，而 2019 年高校对个人的奖励数额高于科研院所。

其次，将高校及科研院所按照中央和地方性质划分，通过表3-7和表3-8可知，在北京市高校奖励个人现金和股份总金额的排名中，属于北京市管辖的高校在 2018 年有 3 所，北京工业大学和首都医科大学连续两年进入前 100 名，其中 2019 年北京工业大学在奖励个人的金额上比 2018 年增长了 30.9%，而 2019 年首都医科大学则比 2018 年降低了 22.48 %。同时，2019 年北京市属高校和科研院所对于个人的奖励总金额都呈现下降趋势。

四、对实践做法的总结

本部分拟从高校内部规范和实际案例两个方面分析高校职务科技成果权利归属和奖酬制度。

关于职务科技成果权利归属的规定。中南大学在 2012 年制定了《中南大学知识产权管理办法（试行）》。该办法第二章专门对职务科技成果的权利归属作出了规定，包括职务科技成果的范围和归属、作者的著作权、非本校外单位在学校完成的智力劳动成果归属、本校派往外单位期间创造的智力成果归属以及在校学生创造的智力成果归属、发明创造的专利申请权和专利权归属等问题，内容比较详尽。从实践状况来看，制定详细的规定有利于高校和科研人员明确具体的权利，从而有利于激发科研人员的创造热情。此外，2013 年，北京交通大学在《北京交通大学知识产权管理办法（试行）》第二章中对权利归属进行了规定。该章中的第 5 条至第 13 条对于属于北京交通大学职务发明的范围、著作权、专利权的相关权属等均加以规定。如第 7 条规定，学校承担的技术合同所完成的技术成果，有约定从约定；合同中没有约定或约定不明确的，委托开发完成的技术成果归学校所有。第 13 条规定，职务发明人享有在有关技术文件和作品上署名和获得奖酬的权利。[1]

关于奖酬制度的规定。从实践情况来看，奖酬制度对奖酬范围规定得越具体，就越有利于保护科技成果完成人的权益。同时，职务科技成果奖酬在高校中最直接、最有效、最普遍的做法是经济奖励，即通过约定的方式，规定高校和科研人员对于现金、股权等进行分配。实践中，高校对职务科技成果奖酬的规定一般有两种模式：一种是明确奖励的具体数额。如 2009 年北京大学颁布的《北京大学科学技术成果奖励办法》第 1 条就明确奖励的对象是理学和工学科学技术成果，同时根据科学技术成果的获奖层级制定了具体的奖酬数额。[2]同样，北京交通大学颁布的《北京交通大学专利资助奖励管理办法》第 23 条至第 25 条也分不同情况对专利申请授权的发明者应获得的奖励进行了具体数额的规定。[3]此类具体规定的优点在于科研人员可以预先知

晓自己应获得的奖酬数额，有利于调动发明者的积极性。另一种模式是按比例规定发明者可获得奖酬。如 2000 年中南大学颁布的《关于落实国家以高新技术成果作价入股政策的实施办法》规定：如果科研人员以技术类等无形资产作价入股创办企业，按 7：3 的比例归技术持有者和学校；如果科研团队将结余的科研经费入股公司，也按 7：3 的比例归课题组成员和学校所有，[1]根据类似政策创立的公司称为"学科性公司制"，此类型的公司以学校优势学科和学校创新人才为核心，以技术成果作价入股政策为制度保障，以创立现代企业制度为运行机制的新型科技公司为目的。因此，该类型企业最突出的特点是以科技成果作价入股，且科研人员持股率高、学校持股率低。正是由于给了了科研人员更多的权利，中南大学相继创办了一百多个公司，如山河智能、博云新材等，并有不少公司已经成为上市公司。以湖南山河智能机械股份有限公司为例，该公司就是以中南大学为技术合作单位，产学研相结合的现代化工程机械制造企业。该企业在公司创始人、董事长、中南大学教授、博士生导师何清华先生的带领下，用七年的时间研发出了几十个具有自主知识产权的科研成果，并成为机械制造行业中的一线品牌。[2]2012 年，中南大学又印发了《中南大学知识产权管理办法（试行）》。该办法第 17 条和第 18条对利益分配作了进一步修订，如由转移和运用知识产权所获得的货币收益，按照 5：2：2：1 的比例分配给发明人所在的课题组、发明组所在的二级单位、学校的科学研究发展基金以及付中介费。同时，将拨付给课题组收益的报酬的一半分配给该知识产权的发明人所在课题组成员。同时，还规定了学校根据持股所获货币收益按 6：4 的比例，在学校和该知识产权的发明人（设计人或创作者）所在的二级单位之间分配。[3]

同是双一流学校的西南交通大学在其制定的《西南交通大学职务科技成果转化实施细则（试行）》中对职务科技成果转换的奖励方式、奖励比例以及获得奖励的程序都作出了具体规定。与北京大学和北京交通大学规定的具体奖酬数额相比，西南交通大学按比例的奖酬数额规定，更利于调动科研工

〔1〕　潘志浩："关于高校实行职务发明专利权属共有的思考"，载《中国高校科技与产业化》2010 年第 7 期，第 31 页。

〔2〕　黄苏凤："中南大学'学科性公司制'科技成果转化模式研究"，广西大学 2008 年硕士学位论文。

〔3〕　《中南大学知识产权管理办法（试行）》。

作者的创造积极性。

五、实践中存在的问题

通过对中央和北京市高校科研奖励政策文本的内容分析，笔者认为，我国目前在科研奖励政策方面存在如下问题：

第一，主体范围问题。通过分析目前高校院所制定的科技成果转移转化奖励办法可以发现，部分高校在认定给予奖酬的对象时标准比较单一，即只针对本校教师，而忽略在校学生。出现该问题的原因是，在校学生与老师不同，学生与高校并不存在雇佣关系，而《促进科技成果转化法》等法律则规定，对于职务发明人的界定是需要单位和发明人之间存在此种关系。与此同时，在实践中认定职务科技成果完成人一般为对该项发明起到重要作用的科研人员，但对转化科技成果起主要作用的发明者的认定绝非易事，这就导致了对转化人员的法律主体地位的认识模糊，进而导致高校在制定奖酬制度时遭遇了主体把握问题。

第二，奖酬标准不尽合理。已经颁布的《专利法实施细则》和尚未颁布的《职务发明条例草案》对职务科技成果的奖酬制度，均规定了约定优先原则，即单位和科研人员或者发明人只有在事先对智力成果的奖酬没有约定时，才可适用法定标准。而作为事业单位的高校，一般都会在劳动合同中事先约定或在自己的规章制度中规定发放职务科技成果奖酬的相应事项。因此，约定优先原则通常被高校职务科技成果奖酬制度所采用。但是，在实践中，由于科技成果本身的具体价值难以评估等因素，导致容易出现奖酬标准数年一成不变或短期内不断调整的两种极端情况。

第三，奖励政策的实施手段过于单一。通过对 58 所高校、院所实施的奖励政策进行研究，笔者发现这些高校的实施手段都是以奖金为主要方式。虽然金钱奖励有一定的作用，但是单一的政策手段极易导致不能因校制宜地解决问题，且单一形式的奖励政策从侧面上也显示了我国高校科研奖励工作在一定程度上缺乏创新性。[1]因此，有必要在奖励评价考核的方式上进行改革，制定多元化评价、奖励机制。

---

〔1〕 纵浩、董如何："高校知识型员工的知识激励机制探析"，载《今日科苑》2008 年第 18 期，第 277 页。

第四节　完善高校科技成果权利归属、利益分享法律调整的建议

一、立法层面的建议

（一）完善职务科技成果权利归属立法建议

我国的《专利法》规定职务发明权利归属分为两种情况：完成本单位任务和主要利用本单位物质条件完成的职务发明创造。前者权利归属于单位，后者可以约定。该规定经历了一个立法变化的过程：由两种情况的权利归属完全法定归属于单位修改为部分可以约定。这种立法变化在一定程度上体现了意思自治原则。根据我国目前的实践状况，激发职务科技成果发明创造人的转化积极性，解决科技成果转化率低的问题，扩大职务科技成果完成人权利范围是改革的一个方向。因此，笔者建议扩大意思自治原则在职务科技成果权利归属问题上的适用范围，对两类职务科技成果（即完成本单位任务和主要利用本单位物质条件完成的科技成果）的权利权属均可以约定。如高校和高校科研人员事先对职务科技成果权属进行约定，只要约定的内容不损害双方利益且不存在合同无效等情形，就可以按约定确定权利归属。这样一方面可以体现意思自治原则，另一方面也对激发科研人员的积极性具有促进意义。

（二）完善高校职务科技成果奖酬的建议

如前所述，我国针对科研人员职务科技成果奖酬尚未形成一部专门的法律，主要散见于《专利法》《促进科技成果转化法》等法律法规中。立法的分散性极易导致不同法律法规规定的不统一，不利于维护权利人的利益，同时在实际操作中也会带来一定的问题。因此，建议通过立法的方式将各法律法规中关于职务科技成果奖酬与利益分享的规定统一于一部法律或法规，明确职务科技成果奖酬形式、计算标准、计算方法等，以充分发挥法律的规范作用。

二、实践层面的建议

通过前文可知，高校在职务科技成果权利归属和利益分享问题上存在着一些共性的问题，如奖励方式单一、主体难以确定等。针对这些问题，笔者

提出以下三点建议：

第一，扩大享有获得奖酬的主体范围。笔者建议高校进一步明确学生和转化人员获得职务科技成果奖酬的主体地位。因为与本科生相比，硕士生和博士生具有一定的研究和参与课题能力，保障学生获得职务科技成果的权益，既能够激发学生的研究热情，也能够促使高校科技创新工作可持续发展。同时，应该对《促进科技成果转化法》所规定的"重要贡献"进行限定，解决法条内容模糊的问题，并且在《专利法》和《职务发明条例草案》中增加对成功转化科研成果人员的奖励规定，这种规定对激发科研转化人员的积极性，解决目前高校科技成果转化率低的问题具有积极的意义。

第二，建立以职务科技成果转化为导向的奖酬制度。一项科技成果的价值只有通过转化才能实现。对于高校而言，想要解决转化难的问题，方法之一就是要解决"重研发轻转化"的问题。具体做法如下：一方面，在降低奖励申请、授权的奖励和报酬标准的同时，加大对科技成果转化的奖励力度，并完善配套的保障措施，以提高科技成果的转化率。另一方面，高校在制定奖酬标准时，应将高校所属地区的经济发展状况、科研团队投入的资金以及单位因申请的发明成果所获的收益等各方面因素考虑周全，[1]制定符合本地区、本校实际和发展的规章制度，而不是简单地确定一个标准，或照搬其他学校的制度。

第三，鼓励高校采取多元化奖励方式。目前奖酬制度的特点是重视物质上的奖励，而忽视了精神方面的激励。其中，源于"经济人"假设的物质上的激励从根本上忽视了人的精神追求。根据我国现行《专利法》的规定，职务发明奖酬包含奖励和报酬两种，这说明对于职务发明的奖励不仅可以是经济上的奖励，也可以是其他方面的奖励。2021年实施的《民法典》第849条明确了完成技术成果的个人享有取得荣誉证书、奖励的权利。因此，各高校可根据自身实际来丰富科研奖励内容，除了经济上的奖励，也可以通过其他的形式来奖励科技成果的完成人，如实行知识激励，奖励做出优秀成果的研究者进入更高研究水平的大学、研究机构进修、考察等。

---

〔1〕 黄莉："浅谈中国高校职务发明奖酬制度"，载《科技与创新》2019年第19期，第94页。

附录 本章研究内容涉及的立法规定汇总

表 3-9 "职务科技成果权利归属"的立法规定内容汇总(法律、法规、规章)

序号	法律(法规)名称	颁布机关及时间	具体规定
1	民法典	全国人民代表大会 2020 年	第八百四十七条 职务技术成果的使用权、转让权属于法人或者非法人组织的,法人或者非法人组织科研就该项职务技术成果订立技术合同。法人或非法人组织订立技术合同转让职务技术成果时,职务技术成果的完成人享有以同等条件优先受让的权利。 职务技术成果是执行法人或非法人组织的工作任务,或者主要是利用法人或非法人组织的物质技术条件所完成的技术成果。
2	促进科技成果转化法	全国人民代表大会常务委员会 2015 年	第四十条 科技成果完成单位与其他单位合作进行科技成果转化的,应当依法由合同约定该科技成果有关权益的归属。合同未作约定的,按照下列原则办理: (一)在合作转化中无新的发明创造的,该科技成果的权益,归该科技成果完成单位; (二)在合作转化中产生新的发明创造的,该新发明创造的权益归合作各方共有; (三)对合作转化中产生的科技成果,各方都有实施该项科技成果的权利,转让该科技成果应经合作各方同意。
3	专利法	全国人民代表大会常务委员会 2020 年	第六条 执行本单位的任务或者主要是利用本单位的物质技术条件所完成的发明创造为职务发明创造。职务发明创造申请专利的权利属于该单位,申请被批准后,该单位为专利权人。该单位可以依法处置其职务发明创造申请专利的权利和专利权,促进相关发明创造的实施和运用。

续表

序号	法律（法规）名称	颁布机关及时间	具体规定
			非职务发明创造，申请专利的权利属于发明人或者设计人；申请被批准后，该发明人或者设计人为专利权人。 利用本单位的物质技术条件所完成的发明创造，单位与发明人或者设计人订有合同，对申请专利的权利和专利权的归属作出约定的，从其约定。
4	关于优化科研管理提升科研绩效若干措施的通知	国务院2018年	五、开展基于绩效、诚信和能力的科研管理改革试点 （二十）开展赋予科研人员职务科技成果所有权或长期使用权试点。对于接受企业、其他社会组织委托项目形成的职务科技成果，允许合同双方自主约定成果归属和使用、收益分配等事项；合同未约定的，职务科技成果由项目承担单位自主处置，允许赋予科研人员所有权或长期使用权。对利用财政资金形成的职务科技成果，由单位按照权利与责任对等、贡献与回报匹配的原则，在不影响国家安全、国家利益、社会公共利益的前提下，探索赋予科研人员所有权或长期使用权……
5	关于推广第二批支持创新相关改革举措的通知	国务院办公厅2018年	一、推广的改革举措（共23项） （二）科技成果转化激励方面4项：以事前产权激励为核心的职务科技成果权属改革；技术经理人全程参与的科技成果转化服务模式；技术股与现金股结合激励的科技成果转化相关方利益捆绑机制；"定向研发、定向转化、定向服务"的订单式研发和成果转化机制。
6	关于加强高等学校科技成果转移转化工作的若干意见	教育部、科技部2016年	二、简政放权鼓励科技成果转移转化。高校对其持有的科技成果，可以自主决定转让、许可或者作价投资，除涉及国家秘密、国家安全外，不需要审批或备案。高校有权依法以持有的科技成果作价入股确认股权和出资比例，通过发起人协议、投资协议或者公司章程等形式

续表

序号	法律（法规）名称	颁布机关及时间	具体规定
			对科技成果的权属、作价、折股数量或出资比例等事项明确约定、明晰产权，并指定所属专业部门统一管理技术成果作价入股所形成的企业股份或出资比例。高校职务科技成果完成人和参加人在不变更职务科技成果权属的前提下，可以按照学校规定与学校签订协议，进行该项科技成果的转化，并享有相应权益。高校科技成果转移转化收益全部留归学校，纳入单位预算，不上缴国库；在对完成、转化科技成果做出重要贡献的人员给予奖励和报酬后，主要用于科学技术研究与成果转化等相关工作。
7	关于提升高等学校专利质量促进转化运用的若干意见	教育部、国家知识产权局、科技部 2020 年	二、重点任务 （二）开展专利申请前评估 5. 明确产权归属与费用分担。允许高校开展职务发明所有权改革探索，并按照权利义务对等的原则，充分发挥产权奖励、费用分担等方式的作用，促进专利质量提升。发明人不得利用财政资金支付专利费用……
8	赋予科研人员职务科技成果所有权或长期使用权试点实施方案	科技部等 9 部门 2020 年	二、试点主要任务 （一）赋予科研人员职务科技成果所有权。 国家设立的高等院校、科研机构科研人员完成的职务科技成果所有权属于单位。试点单位可以结合本单位实际，将本单位利用财政性资金形成或接受企业、其他社会组织委托形成的归单位所有的职务科技成果所有权赋予成果完成人（团队），试点单位与成果完成人（团队）成为共同所有权人。赋权的成果应具备权属清晰、应用前景明朗、承接对象明确、科研人员转化意愿强烈等条件。成果类型包括专利权、计算机软件著作权、集成电路布图设计专有权、

续表

序号	法律（法规）名称	颁布机关及时间	具体规定
			植物新品种权，以及生物医药新品种和技术秘密等。对可能影响国家安全、国防安全、公共安全、经济安全、社会稳定等事关国家利益和重大社会公共利益的成果暂不纳入赋权范围，加快推动建立赋权成果的负面清单制度……

表 3-10 "科技成果奖酬及利益分享"立法规定汇总（法律、法规、规章）

序号	法律（法规）名称	颁布机关及时间	具体规定
1	民法典	全国人民代表大会 2020 年	第八百四十九条 完成技术成果的个人享有在有关技术成果文件上写明自己是技术成果完成者的权利和取得荣誉证书、奖励的权利。
2	促进科技成果转化法	全国人民代表大会常务委员会 2015 年	第四十四条 职务科技成果转化后，由科技成果完成单位对完成、转化该项科技成果做出重要贡献的人员给予奖励和报酬。 科技成果完成单位可以规定或者与科技人员约定奖励和报酬的方式、数额和时限。单位制定相关规定，应当充分听取本单位科技人员的意见，并在本单位公开相关规定。 第四十五条 科技成果完成单位未规定、也未与科技人员约定奖励和报酬的方式和数额的，按照下列标准对完成、转化职务科技成果做出重要贡献的人员给予奖励和报酬： （一）将该项职务科技成果转让、许可给他人实施的，从该项科技成果转让净收入或者许可净收入中提取不低于百分之五十的比例； （二）利用该项职务科技成果作价投资的，从该项科技成果形成的股份或者出资比例中提取不低于百分之五十的比例； （三）将该项职务科技成果自行实施或

续表

序号	法律（法规）名称	颁布机关及时间	具体规定
			者与他人合作实施的，应当在实施转化成功投产后连续三至五年，每年从实施该项科技成果的营业利润中提取不低于百分之五的比例。 国家设立的研究开发机构、高等院校规定或者与科技人员约定奖励和报酬的方式和数额应当符合前款第一项至第三项规定的标准。 国有企业、事业单位依照本法规定对完成、转化职务科技成果做出重要贡献的人员给予奖励和报酬的支出计入当年本单位工资总额，但不受当年本单位工资总额限制、不纳入本单位工资总额基数。
3	专利法	全国人民代表大会常务委员会2020年	第十五条　被授予专利权的单位应当对职务发明创造的发明人或者设计人给予奖励；发明创造专利实施后，根据其推广应用的范围和取得的经济效益，对发明人或者设计人给予合理的报酬。 国家鼓励被授予专利权的单位实行产权激励，采取股权、期权、分红等方式，使发明人或者设计人合理分享创新收益。
4	实施《中华人民共和国促进科技成果转化法》若干规定	国务院2016年	二、激励科技人员创新创业 （六）国家设立的研究开发机构、高等院校制定转化科技成果收益分配制度时，要按照规定充分听取本单位科技人员的意见，并在本单位公开相关制度。依法对职务科技成果完成人和为成果转化作出重要贡献的其他人员给予奖励时，按照以下规定执行： 1. 以技术转让或者许可方式转化职务科技成果的，应当从技术转让或者许可所取得的净收入中提取不低于50%的比例用于奖励。 2. 以科技成果作价投资实施转化的，应当从作价投资取得的股份或者出资比例中提取不低于50%的比例用于奖励。 3. 在研究开发和科技成果转化中作出主

序号	法律（法规）名称	颁布机关及时间	具体规定
			要贡献的人员，获得奖励的份额不低于奖励总额的50%。 4. 对科技人员在科技成果转化工作中开展技术开发、技术咨询、技术服务等活动给予的奖励，可按照促进科技成果转化法和本规定执行。
5	国家技术转移体系建设方案	国务院 2017年	二、优化国家技术转移体系基础架构 （八）壮大专业化技术转移人才队伍。 完善多层次的技术转移人才发展机制。加强技术转移管理人员、技术经纪人、技术经理人等人才队伍建设，畅通职业发展和职称晋升通道。支持和鼓励高校、科研院所设置专职从事技术转移工作的创新型岗位，绩效工资分配应当向作出突出贡献的技术转移人员倾斜。鼓励退休专业技术人员从事技术转移服务。统筹适度运用政策引导和市场激励，更多通过市场收益回报科研人员，多渠道鼓励科研人员从事技术转移活动。加强对研发和转化高精尖、国防等科技成果相关人员的政策支持……
6	关于抓好赋予科研机构和人员更大自主权有关文件贯彻落实工作的通知	国务院办公厅 2018年	四、进一步做好已出台法规文件中相关规定的衔接 （二）明确科研人员获得科技成果转化收益的具体办法。各高校、科研院所要按照《中华人民共和国促进科技成果转化法》的规定，制定本单位转化科技成果的专门管理办法，完善评价激励机制，对科技成果的主要完成人和其他对科技成果转化作出重要贡献的人员，区分不同情况给予现金、股份或者出资比例等奖励和报酬。请人力资源社会保障部会同有关部门按照《国务院关于优化科研管理提升科研绩效若干措施的通知》精神，落实"科研人员获得的职务科技成果转化现金奖励计入当年本单位绩效工资总量，但不受总量限制，不纳入总量

序号	法律（法规）名称	颁布机关及时间	具体规定
			基数"的要求，制定出台具体操作办法，推动各单位落实到位。
7	关于优化科研管理提升科研绩效若干措施的通知	国务院2018年	二、完善有利于创新的评价激励制度（九）加大对承担国家关键领域核心技术攻关任务科研人员的薪酬激励。对全时全职承担任务的团队负责人（领衔科学家/首席科学家、技术总师、型号总师、总指挥、总负责人等）以及引进的高端人才，实行一项一策、清单式管理和年薪制。项目承担单位应在项目立项时与项目管理专业机构协商确定人员名单和年薪标准，并报科技部、人力资源社会保障部、财政部备案。年薪所需经费在项目经费中单独核定，在本单位绩效工资总量中单列，相应增加单位当年绩效工资总量。项目范围、年薪制具体操作办法由科技部、财政部、人力资源社会保障部细化制定。单位从国家关键领域核心技术攻关任务项目间接费用中提取的绩效支出，应向承担任务的中青年科研骨干倾斜。完善以科技成果为纽带的产学研深度融合机制，建立科研机构和企业等各方参与的创新联盟，落实相关政策，支持高校、科研院所科研人员到国有企业或民营企业兼职开展研发和成果转化，加大高校、科研院所和国有企业科研人员科技成果转化股权激励力度，科研人员获得的职务科技成果转化现金奖励计入当年本单位绩效工资总量，但不受总量限制，不纳入总量基数。
8	关于加强高等学校科技成果转移转化工作的若干意见	教育部、科技部2016年	五、健全以增加知识价值为导向的收益分配政策。高校要根据国家规定和学校实际，制定科技成果转移转化奖励和收益分配办法，并在校内公开。在制定科技成果转移转化奖励和收益分配办法时，要充分听取学校科技人员的意见，兼顾学校、院系、成果完成人和专业技术转

序号	法律（法规）名称	颁布机关及时间	具体规定
			移转化机构等参与科技成果转化的各方利益。高校依法对职务科技成果完成人和为成果转化作出重要贡献的其他人员给予奖励时，按照以下规定执行：以技术转让或者许可方式转化职务科技成果的，应当从技术转让或者许可所取得的净收入中提取不低于50%的比例用于奖励；以科技成果作价投资实施转化的，应当从作价投资取得的股份或者出资比例中提取不低于50%的比例用于奖励；在研究开发和科技成果转化中作出主要贡献的人员，获得奖励的份额不低于总额的50%。成果转移转化收益扣除对上述人员的奖励和报酬后，应当主要用于科学技术研发与成果转移转化等相关工作，并支持技术转移机构的运行和发展。担任高校正职领导以及高校所属具有独立法人资格单位的正职领导，是科技成果的主要完成人或者为成果转移转化作出重要贡献的，可以按照学校制定的成果转移转化奖励和收益分配办法给予现金奖励，原则上不得给予股权激励；其他担任领导职务的科技人员，是科技成果的主要完成人或者为成果转移转化作出重要贡献的，可以按照学校制定的成果转化奖励和收益分配办法给予现金、股份或出资比例等奖励和报酬。对担任领导职务的科技人员的科技成果转化收益分配实行公示和报告制度，明确公示其在成果完成或成果转化过程中的贡献情况及拟分配的奖励、占比情况等。高校科技人员面向企业开展技术开发、技术咨询、技术服务、技术培训等横向合作活动，是高校科技成果转化的重要形式，其管理应依据合同法和科技成果转化法；高校应与合作单位依法签订合同或协议，约定任务分工、资金投入和

序号	法律（法规）名称	颁布机关及时间	具体规定
			使用、知识产权归属、权益分配等事项，经费支出按照合同或协议约定执行，净收入可按照学校制定的科技成果转移转化奖励和收益分配办法对完成项目的科技人员给予奖励和报酬。对科技人员承担横向科研项目与承担政府科技计划项目，在业绩考核中同等对待。科技成果转移转化的奖励和报酬的支出，计入单位当年工资总额，不受单位当年工资总额限制，不纳入单位工资总额基数。
9	关于进一步推动高校落实科技成果转化政策相关事项的通知	教育部办公厅2017年	一、依法推进高校科技成果转移转化，落实相关激励政策 5. 完善奖励分配政策。高校要依法制定科技成果转化收益分配政策，科技成果转化的股权期权奖励税收政策按照《财政部 国家税务总局关于完善股权激励和技术入股有关所得税政策的通知》（财税〔2016〕101号）执行，现金奖励根据国家规定的税率标准，向成果转化受益人发放。 6. 规范领导干部奖励。按照《实施〈促进科技成果转化法〉若干规定》（国发〔2016〕16号），符合科技成果转化奖励条件的高校领导干部可以依法获得科技成果转化奖励。担任领导干部的科技人员获取科技成果转化奖励时，除执行学校规定的流程外，还应在校内公示，并按规定进行个人收入和重大事项申报。
10	关于科技人员取得职务科技成果转化现金奖励有关个人所得税征管问题的公告	国家税务总局2018年	二、非营利性科研机构和高校向科技人员发放职务科技成果转化现金奖励（以下简称"现金奖励"），应于发放之日的次月15日内，向主管税务机关报送《科技人员取得职务科技成果转化现金奖励个人所得税备案表》（见附件）。单位资质材料（《事业单位法人证书》《民办学校办学许可证》《民办非企业单位登记证书》等）、科技成果转化技术合同、科技人员现金奖励公示材料、现金奖励

序号	法律（法规）名称	颁布机关及时间	具体规定
			公示结果文件等相关资料自行留存备查。三、非营利性科研机构和高校向科技人员发放现金奖励，在填报《扣缴个人所得税报告表》时，应将当期现金奖励收入金额与当月工资、薪金合并，全额计入"收入额"列，同时将现金奖励的50%填至《扣缴个人所得税报告表》"免税所得"列，并在备注栏注明"科技人员现金奖励免税部分"字样，据此以"收入额"减除"免税所得"以及相关扣除后的余额计算缴纳个人所得税。
11	关于进一步支持和鼓励事业单位科研人员创新创业的指导意见	人力资源和社会保障部 2019 年	二、支持和鼓励科研人员兼职创新、在职创办企业（五）加大对兼职创新、在职创办企业人员的政策支持。兼职创新、在职创办企业人员可以在兼职单位或者创办企业申报职称。到企业兼职创新的人员，与企业职工同等享有获取报酬、奖金、股权激励的权利，国家另有规定的从其规定。兼职单位或创办企业应当依法为兼职创新、在职创办企业人员缴纳工伤保险费，其在人事关系所在单位外工作期间发生工伤的，依法享受工伤保险待遇，由相关单位或企业承担工伤保险责任。鼓励企业为兼职创新人员参加个人储蓄性养老保险提供补贴。三、支持和鼓励事业单位选派科研人员到企业工作或者参与项目合作（七）充分调动选派人员的积极性主动性创造性。选派人员在选派期间，与派出单位在岗同类人员享有同等权益，并与派驻企业职工同等享有获取报酬、奖金的权利，国家另有规定的从其规定。选派人员在派驻企业的工作业绩应作为其职称评审、岗位竞聘、考核奖励等的主要依据，派出单位可以按照有关规定对业绩突出人员在岗位竞聘时予以倾斜。

序号	法律（法规）名称	颁布机关及时间	具体规定
			建立健全事业单位成果转化处置和收益分配政策，事业单位转化科技成果依法获得的收入全部留归本单位，可按国家有关规定对完成或者转化职务科技成果做出贡献的人员给予奖励和报酬，相关支出计入当年本单位绩效工资总量，但不受总量限制，不纳入总量基数。
12	关于科技人员取得职务科技成果转化现金奖励有关个人所得税政策的通知	财政部、国家税务总局、科技部2018年	五、科技人员享受本通知规定税收优惠政策，须同时符合以下条件： （一）科技人员是指非营利性科研机构和高校中对完成或转化职务科技成果作出重要贡献的人员。非营利性科研机构和高校应按规定公示有关科技人员名单及相关信息（国防专利转化除外），具体公示办法由科技部会同财政部、税务总局制定。 （二）科技成果是指专利技术（含国防专利）、计算机软件著作权、集成电路布图设计专有权、植物新品种权、生物医药新品种，以及科技部、财政部、税务总局确定的其他技术成果。 （三）科技成果转化是指非营利性科研机构和高校向他人转让科技成果或者许可他人使用科技成果。现金奖励是指非营利性科研机构和高校在取得科技成果转化收入三年（36个月）内奖励给科技人员的现金。 （四）非营利性科研机构和高校转化科技成果，应当签订技术合同，并根据《技术合同认定登记管理办法》，在技术合同登记机构进行审核登记，并取得技术合同认定登记证明。 非营利性科研机构和高校应健全科技成果转化的资金核算，不得将正常工资、奖金等收入列入科技人员职务科技成果转化现金奖励享受税收优惠。 六、非营利性科研机构和高校向科技人员发放现金奖励时，应按个人所得税法规定代扣代缴个人所得税，并按规定向

序号	法律（法规）名称	颁布机关及时间	具体规定
			税务机关履行备案手续。
13	关于扩大高校和科研院所科研相关自主权的若干意见的通知	科技部等6部委 2019年	五、完善绩效工资分配方式 （十六）强化绩效工资对科技创新的激励作用。对全时承担国家关键领域核心技术攻关任务的团队负责人以及单位引进的急需紧缺高层次人才等可实行年薪制、协议工资、项目工资等灵活分配方式，其薪酬在所在单位绩效工资总量中单列，相应增加单位当年绩效工资总量。加大高校和科研院所人员科技成果转化股权期权激励力度，科研人员获得的职务科技成果转化现金奖励、兼职或离岗创业收入不受绩效工资总量限制，不纳入总量基数。
14	关于提升高等学校专利质量促进转化运用的若干意见	教育部、国家知识产权局、科技部 2020年	二、重点任务 （四）优化政策制度体系 10. 优化专利资助奖励政策。高校要以优化专利质量和促进科技成果转移转化为导向，停止对专利申请的资助奖励，大幅减少并逐步取消对专利授权的奖励，可通过提高转化收益比例等"后补助"方式对发明人或团队予以奖励。
15	赋予科研人员职务科技成果所有权或长期使用权试点实施方案	科技部等9部门 2020年	二、试点主要任务 （三）落实以增加知识价值为导向的分配政策。 试点单位应建立健全职务科技成果转化收益分配机制，使科研人员收入与对成果转化的实际贡献相匹配。试点单位实施科技成果转化，包括开展技术开发、技术咨询、技术服务等活动，按规定给个人的现金奖励，应及时足额发放给对科技成果转化作出重要贡献的人员，计入当年本单位绩效工资总量，不受单位总量限制，不纳入总量基数。

表 3-11　部分高校科技成果转化奖酬的主要规定

序号	规定名称	颁布时间	具体规定
1	中南大学知识产权管理办法（试行）	中南大学 2012 年	第七条　学校师生员工执行学校的任务、承担以学校名义申报立项的各类项目以及利用学校的物质技术条件、利用学校名义所形成的智力劳动成果，均属于职务成果，其依法形成的知识产权归属学校。但涉及国家安全、国家利益和重大社会公共利益或者另有约定的除外。 第八条　由学校主持、代表学校意志创作并由学校承担责任的作品，著作权属于学校。计算机软件等主要利用学校的物质技术条件创作的职务作品，以及法律、行政法规规定或者合同约定著作权由学校享有的职务作品，作者享有署名权，著作权的其他权利由学校享有。 师生员工为完成学校工作任务所创作的作品是职务作品，作者享有著作权，但学校有权在其业务范围内优先使用；作品完成 2 年内，未经学校同意，作者不得擅自使用或许可第三人以与学校相同的方式使用该作品。 第九条　学校与外单位或个人合作、接受捐赠时必须事先签订书面协议，约定智力劳动成果的知识产权归属。 第十条　外单位来我校进修学习人员、合作研究人员（包括访问学者、客座或兼职研究人员、博士后研究人员、参加学术活动人员、留学生等）以及其他临时聘用人员，在学校学习或工作期间完成的智力劳动成果，其知识产权归学校所有。有合同约定的，从其约定。 第十一条　学校向外单位派出的进修人员、合作研究人员（包括访问学者、客座或兼职研究人员、博士后研究人员、留学生、参加校外学术活动人员及其他外派人员等）应事先与学校签订书面协议，约定其在外单位完成的智力劳动成果的知识产权归属。 第十三条　学校是职务智力成果的权利

序号	规定名称	颁布时间	具体规定
			人，其对于职务智力成果的所有权、知识产权不因智力成果完成人的退休、退职或工作调动等原因而变更或者转移。在保证智力成果完成人合法权益的前提下，学校依法享有所拥有的知识产权的各项权利。任何单位或个人不得将学校的智力劳动成果占为己有或变相占为己有，不得将职务发明创造擅自作为非职务发明创造申请专利或私自许可实施及转让。第十四条　发明创造的专利申请权和专利权归属于学校时，学校书面决定不申请专利或者不实施专利的，发明人或者设计人根据与学校签订的协议，有权申请专利或者实施专利。学校转让专利权或者放弃专利权的，在同等条件下发明人或者设计人有优先受让权。第十七条　学校通过转移和运用知识产权所获得的货币收益的50%拨付给该知识产权的发明人（设计人或创作者）所在的课题组，20%拨付给该知识产权的发明人（设计人或创作者）所在的二级单位，20%划入学校的科学研究发展基金，10%支付中介费。拨付给课题组收益的50%作为报酬分配给该知识产权的发明人（设计人或创作者）所在课题组成员。与学校知识产权转移和运用有关的技术开发、技术指导和服务费按学校横向科研经费管理办法管理。第十八条　学校以知识产权作价出资获得企业股权时，由该知识产权的发明人（设计人或创作者）所在课题组成员持有50%的股份，学校持有50%的股份。学校持股所获货币收益按6:4的比例在学校和该知识产权的发明人（设计人或创作者）所在的二级单位之间分配。技术要素股份的分割方案及其收益分配方案由学校知识产权管理办公室、该知识

序号	规定名称	颁布时间	具体规定
			产权的发明人（设计人或创作者）所在课题组成员及其所在二级单位商定并签订书面协议，报学校知识产权工作领导小组审批后执行。
2	西南交通大学职务科技成果转化实施细则（试行）	西南交通大学2017年	第八条　学校科技成果转化所获得的收益，按不同方式对科技成果转化不同阶段做出重要贡献的人员予以奖励。 （一）对于没有分割确权的科技成果，学校从可分配收益提取70%奖励给完成人。完成人团队提出内部奖励分配方案，经科研院审核后，由计财处按分配方案发放奖金。剩余的30%部分，学校占15%，完成人所在二级单位占15%。 （二）对于已分割确权的科技成果，因完成人已经享有了70%的知识产权，学校不再对完成人进行收益分配。学校享有的30%的收益，学校占15%，完成人所在二级单位占15%。 学校鼓励转化人对科技成果转化项目进行风险投资。
3	北京大学科学技术成果奖励办法	北京大学2009年	第一条　北京大学科学技术成果奖励范围为理学、工学科学技术成果，包括： 1. 已获得国家级、省（市）级和部（委）级奖励的成果； 2. 已获得专利权的专利。 第二条　获得国家最高科学技术奖和国际科学技术合作奖的项目，学校等额匹配奖金。 第三条　获得国家自然科学奖、国家技术发明奖的项目，学校等额匹配奖金。 第四条　获得国家科学技术进步奖的项目，学校按1∶0.5的比例配套奖金。 第五条　获得省（市）级和部（委）级奖励项目，奖励条件、标准如下： 1. 获得省（市）级和部委级科技进步奖一等奖项目，奖励人民币2万元； 2. 获得省（市）级和部委级科技进步奖二等奖项目，奖励人民币1万元；

序号	规定名称	颁布时间	具体规定
			第六条 奖励对象：上述奖励范围内的国家自然科学奖和国家技术发明奖，须以北京大学教职工为第一获奖者；国家科技进步奖及省（市）级和部（委）级奖励须以北京大学为第一获奖单位。 第七条 以北京大学为专利权人，专利权被授予后，学校对发明人或设计人给予适当奖励，一项发明专利的奖金为2000元，一项实用新型专利或外观设计专利的奖金为500元。专利奖每年颁发一次。
4	北京交通大学知识产权管理办法（试行）	北京交通大学2013年	第五条 执行学校的任务或者主要是利用学校的物质技术条件 所完成的发明创造为职务发明创造。职务发明创造申请专利的权利属 于学校；申请被批准后，学校为专利权人。 执行学校的任务所完成的职务发明创造，是指：1. 在本职工作中作出的发明创造；2. 履行学校交付的本职工作之外的任务所作出的发明创造；3. 退休、调离学校后或者劳动、人事关系终止后一年内作出的，与其在原单位承担的本职工作或者原单位分配的任务有关的发明创造。 学校的物质技术条件，是指学校的资金、设备、零部件、原材料或者不对外公开的技术资料等。 非职务发明创造，申请专利的权利属于发明人或者设计人；申请被批准后，该发明人或者设计人为专利权人。 利用学校的物质技术条件所完成的发明创造，学校与发明人或者设计人订有合同，对申请专利的权利和专利权的归属作出约定的，从其约定。 第六条第一款 师生员工为完成学校工作任务所创作的作品是职务作品，除本条第二款的规定以外，著作权由作者享有，但学校有权在其业务范围内优先使

序号	规定名称	颁布时间	具体规定
			用。作品完成两年内，未经学校同意，作者不得许可第三人以与学校使用的相同方式使用该作品。 第七条　学校承担的技术合同所完成的技术成果，其归属与分享从其合同约定，当事人在合同中没有约定或约定不明确的，委托开发完成的技术成果归学校所有。 第八条　在学校学习、进修或者开展合作项目研究的学生、研究人员，在校期间参与导师承担的本校研究课题或者承担学校安排的任务所完成的发明创造及其他技术成果，除另有协议外，应当归学校享有或持有。博士后研究人员，在流动站工作期间所获得知识产权，应归学校享有或持有，在进站前已就知识产权问题与流动站签订专门协议的，从其约定。 第九条　学校的离休、退休、停薪留职、调离以及被辞退的人员，在离开学校一年内完成的与其原承担的本职工作或任务有关的发明创造或技术成果，由学校享有或持有。 第十条　学校派遣出国访问、进修、留学及开展合作项目研究的人员，对其在校已进行的研究，而在国外可能完成的发明创造、获得的知识产权，应当与学校签订协议，确定其发明创造及其他知识产权的归属。 第十三条　职务发明创造或职务技术成果，以及职务作品的完成人依法享有在有关技术文件和作品上署名及获得奖励和报酬的权利。

第四章

我国科技成果证券化立法状况分析*

——以科技成果中的知识产权为研究视角

20世纪30年代以来，以电子信息技术为核心的第三次科技革命迅猛发展，使得科技成果中最重要的组成部分——知识产权的概念在全世界范围内被公众熟知。21世纪，全球进入信息化时代之后，知识产权对各国经济发展的影响越来越大，许多国家深刻意识到知识产权在全球竞争中的重要地位，市场化进程较高的国家纷纷将保护知识产权上升到国家战略层面。

在知识产权制度的具体运用方面，资本市场将目光聚集在知识产权证券化上，希望利用知识产权证券化带来更多的收益。世界首个知识产权证券化实例发生在美国："鲍伊债券"开创了音乐版权类知识产权证券化先河，后来逐渐扩大到专利、商标等知识产权领域。自此之后，人们逐渐认识到知识产权证券化不仅可以发展市场经济，同时能够保障企业的顺利运营、有效地促进科技创新发展，因而对其关注度越来越高。2007年，世界知识产权组织将知识产权证券化认定为知识产权未来发展的新趋势。包括我国在内的诸多国家和地区越发重视知识产权证券化的发展及完善，开始启动相应的知识产权证券化立法工作，并在实践中积极探索利用知识产权证券化发展市场经济。

在法律制度上，我国于2008年颁布实施《国家知识产权战略纲要》，标志着我国将知识产权工作上升到了国家战略层面，知识产权制度在我国展现出了前所未有的影响力。党的十八大以来，以习近平总书记为核心的党中央对我国知识产权的发展非常重视，尤其着重于包括知识产权在内的科技成果

---

* 马丽雅，北方工业大学2019届法律硕士研究生。

的具体运用，发掘科技成果的内在价值，对我国经济发展起到了极大的推动作用。

2015 年到 2018 年，我国为科技成果的知识产权证券化提供了一系列政策推动与市场支持。2018 年"文科一期 ABS"在深圳交易所成功获批。2021 年，党中央高瞻远瞩，大力推动知识产权证券化，帮助很多中小企业顺利挺过疫情难关。

知识产权证券化的完善发展使得我国大量创新型中小企业具有了自身优势，推动其将自身知识产权优势转换为资金优势。然而，我国知识产权证券化的发展还面临着诸多问题，其主要原因包括我国对知识产权证券化的法律规制不够完善、科技成果转换率不高、市场监管过于严格等。本章旨在研究现有知识产权证券化经验，立足我国基本国情，探究我国知识产权证券化相关立法与实践现状，指出现存问题，并提出有针对性的建议，希望对我国知识产权证券化的发展有所裨益。

第一节　研究范围的界定及科技成果证券化基本理论分析

一、本章研究范围的界定

（一）科技成果与知识产权的关系

科技成果通常来说是指在科学活动中通过观察研究、试验分析数据等智力活动所得到的具有一定学术意义或经济价值的知识产品。按照研究性质，我们可以将科技成果分为三类：基础研究成果、应用研究成果以及发展工作成果。[1]本章所讨论的科技成果侧重于转换的环节，主要涉及的是应用研究成果。

知识产权是指人们对通过智力活动产生的创造性智力成果在一定时间范围内依法享有的独占权。知识产权不同于传统权利，它的客体是智力成果或工商业标记等，本质上是一种无形财产权。知识产权的权利范围具体包括：著作权及其相关权利、专利、商标、集成电路布图设计、地理标识、植物新品种、商业秘密等。[2]

---

〔1〕 刘伟、杨麒渊、童洪志："科技成果资产证券化途径及其策略研究"，载《科技管理研究》2015 年第 15 期，第 23 页。

〔2〕《企业知识产权管理规范（试行）》。

由上述分析可以看出，科技成果的外延大于知识产权。广义的科技成果囊括了一系列智力活动的成果，例如论文、专利、著作权、集成电路布图设计、电脑软件、科研报告等。本章研究的科技成果是狭义概念的科技成果，是指具有实用价值的应用研究成果。

《投资大辞典》对科技成果权作出了定义：科技成果权是公民对科学技术进步作出贡献，依法享有取得荣誉称号，领取证书、奖金和其他奖励的权利。[1]通过该定义我们可以看出，知识产权与科技成果权的关系为从属关系。

科技成果转化与知识产权保护在大多数情况下是统一的。首先，它们的保护对象具有同一性，涉及产品转化的技术成果通常是已经获得相应知识产权的科技成果；其次，在科技成果转化的过程中，知识产权从未"缺席"，贯穿始终。

（二）本章研究范围界定

鉴于目前我国的立法与实践都是围绕知识产权证券化的实现，本章研究的对象为科技成果中所形成的知识产权的证券化问题，也可称为科技成果证券化。

二、科技成果证券化基本理论分析

（一）科技成果证券化的内涵

科技成果转化是指对科学技术研究所产生的具有学术意义或实用价值的知识产品进行一系列的后续应用推广，使其形成新产品的经济活动。一般而言，科技成果只有被转化为现实生产力才具有经济价值。科技成果转化有广义和狭义之分。广义的科技成果转化包括各类科学技术成果的应用，通过科学技术手段使劳动要素均得到提高，最终提高劳动效率，从而实现经济发展的目的。而狭义的科技成果转化则仅指技术成果的转化，即将具有一定创新性的科技成果从纸面上或实验室中转移，使其现实生产，发展创新经济产业。本章所述的科技成果转化则指狭义概念的转化。在此种意义上的科技成果转化后，可以被称为资产，具有其内在的经济价值。

知识产权是科技成果中无形资产的一种表现形式，是近年提到比较多的证券化形式。根据资产证券化及知识产权证券化的定义，本章认为科技成果

---

[1] 黄汉江主编：《投资大辞典》，上海社会科学院出版社1990年版。

证券化就是将企业或高校拥有自主产权的科技成果所有权转移到特殊目的机构，通过特设机构进行一系列资本操作，使其变为可流动的证券的过程。

科技成果作为无形资产，其价值本身是静态的、不流动的，而要想科技成果实现产业化，就一定要做好"最后一公里"的建设，加快科技成果的转化，通过证券化得到具有稳定现金流的可流动证券，从而增强企业或高校的创新活力，实现经济增长。

（二）科技成果证券化的法律特征

1. 基础资产权属明确

在将还未证券化的科技成果转移给特殊目的机构之前，科技成果的原始权利人应当即将成为基础资产的科技成果具有完整的收益权和处分权，其拥有的权利不应当存在任何权利瑕疵，是该基础资产的当然权利人。在将作为基础资产的科技成果转移给特殊目的机构之后，一定要处理好原始权利人、特殊目的机构与第三人之间的知识产权归属关系。若发起人将科技成果"真实销售"给特殊目的机构，特殊目的机构此时则为科技成果的权属所有人。若没有"真实销售"，则表明该基础资产的所有人仍为科技成果的原始权利人。原始权利人仅将科技成果作为抵押物，该行为性质为抵押融资行为。

2. 基础资产能够产生可预期的持续现金流

科技成果证券化进程中一个极为重要的环节是作为基础资产的科技成果应当能够产生可预期的、独立且稳定的现金流。未来现金流的稳定性与证券化能否成功具有直接关系。所谓稳定的可持续现金流，是指在证券化期间内预期产生的现金流能够完全覆盖投资本金及其投资收益额。基础资产独立产生稳定的现金流，不依赖原始权利人的其他资产，与此同时，原始权利人也不承担对基础资产的补足义务。

3. 科技成果价值评估较困难

科技成果作为无形资产，该特性决定了科技成果的市场价值是不确定的，因此科技成果证券化中基础资产的价值评估更加困难。在通常情况下，无形资产的价值具有较强的主观性，并且未来市场的不确定性决定了被许可使用的科技成果在实际应用后的许可使用费难以估测。解决这一问题的方式就是建立一套完备的科技成果价值评估体系。虽然目前我国仍未有一套高效、完备的评估系统，但相信不远的将来我国一定会建立起完善、高效的评估体系，从而有效推动科技成果证券化的进一步发展。

（三）科技成果证券化的法律运作流程

科技成果证券化的法律运作流程是核心问题和重点所在，操作流程通常而言有以下几个重要阶段：

1. 构建基础资金池

要开展科技成果证券化融资业务，组建基础资金池是首要的环节。基础资产即被证券化的对象，通常为科技成果的未来收益权，更多的是科技成果的许可使用权。构建基础资金池是由发起人来完成的，科技成果证券化中的发起人是指出售科技成果未来收益权进行证券化的人。发起人具体可以分为两类：一是科技成果知识产权原始所有人、原始权利人；二是从多个科技成果原始所有人处收购得到多个知识产权未来收益权的机构，例如银行。[1]

组建资金池对基础资产的选择也十分严格，要求被组建的科技成果能够产生可预期的、稳定的现金流，要保证现金流可以全部覆盖整个证券化过程的成本及收益。对该基础资产还有非常重要的一点即为该科技成果不能存在任何权利瑕疵，因此原始权利人应该具有较高的信用标准。与此同时，该基础资产应当具有较高的实用价值，在一定程度上应当便于对其包含的价值进行评估。

2. 设立 SPV 隔离风险

组建 SPV（政府与社会资本组成的特殊目的机构，下同）并出售基础资产是科技成果证券化的一个关键环节，证券化运作主要是围绕 SPV 进行的。在通常情况下，发行人由 SPV 担任。SPV 分为三类：特殊目的机构、特殊目的信托以及合伙模式。[2]SPV 具有非常高等级的信用，破产风险几乎为零。

3. 出售基础资产

出售基础资产环节是科技成果证券化中非常重要的一个环节，科技成果的原始权利人通过"真实销售"或设立信托的方式，将拟证券化的科技成果转让给 SPV。其中，"真实出售"是指科技成果的原始权利人将科技成果未来收益权以债权债务的形式，将其对科技成果所有的权利出售给 SPV，SPV 代替原始权利人成为新的债权人。然而，这其中不仅有简单的债权转让关系，

---

〔1〕 王莲峰、吕红岑："商标资产证券化中基础资产的选择探究"，载《电子知识产权》2019 年第 1 期，第 44 页。

〔2〕 郑宏飞："我国知识产权证券化税制的法律困境与完善建议"，载《西南金融》2018 年第 10 期，第 37 页。

原始权利人还应该担负信赖利益责任，并且应当保证科技成果上的权利并无瑕疵。从风险隔离角度而言，即使科技成果原始权利人的债权人向其要求给付，也无权主张已经投入基本资金池的这部分基础资产的权利。因为此时科技成果的权利已经被转移给了 SPV，原始权利人退出了原有的债权债务关系。

另外，设立信托是指科技成果的原始权利人将科技成果未来收益权组成的资金池以信托的方式转让给 SPV。SPV 应当按照委托人的要求以特殊信托机构的身份管理该资金池，产生的收益按照委托人指定的受益人分配。[1]以设立信托的方式实现证券化也可以使风险隔离，信托关系生成后，委托人（即原始权利人）即使被其债权人要求实现债权债务关系，其债权人也无权主张用资金池中的基础资金来偿还债务。与此同时，SPV 的债权人也无法主张该项资金池的债权债务关系，此时该资金池的所有权并不属于 SPV。因此，信托模式为该证券化建立了两道风险屏蔽带，以保证投资人及受益人的利益不受损害。

4. 对科技成果证券进行信用增级与信用评级

在基础资金池构建完成之后，要对即将证券化的资产进行证券包装以及信用评级。证券包装是指信用增级，包括内部信用增级和外部信用增级两类，通过内部的优先级评级以及外部的保险公司投保，利用双保险来强化证券信用。目前，证券市场产品比比皆是，可供投资者选择的证券琳琅满目，投资者青睐于通过安全的证券进行投资，判断一个证券是否安全的一大标准即为其信用评级。经过信用机构评级的证券会更好地吸引投资者。

5. 发行证券

SPV 在对拟发行的科技成果证券进行内外信用增级以及专业机构信用评级后，会委托证券公司向投资人发行证券，因此发行工作实际上并不是由 SPV 完成，而是通过第三方证券承销机构完成的。证券发行方式有两种：公募基金方式或私募基金方式。目前应用较多的科技成果证券化方式是后者（即证券承销机构）以公开上市的方式进行交易。证券化后发行的证券，是以基础资产作为支持的，被称为资产担保证券（ABS）。SPV 委托银行收取购买资产证券的款项，并向出售科技成果许可使用权的原始权利人支付价款。

---

[1]　贺琪："论我国知识产权资产证券化的立法模式与风险防控机制构建"，载《科技与法律》2019 年第 4 期，第 50 页。

第二节 我国科技成果证券化立法状况分析

一、我国科技成果证券化立法状况

以实施时间为主线，笔者总结出了目前我国法律、法规及相关政策文件中涉及科技成果证券化的规定，主要体现为以下两种形式：

（一）法律层面的规定

全国人民代表大会常务委员会于 2015 年修正《促进科技成果转化法》，从法律层面展现出国家鼓励并支持科技成果转化实施的积极态度，国家鼓励各级地方政府结合本地实际制定科技成果转化的地方性政策。并且，国家给予科技单位、高校、企业等高度自主权，具体可见该法第 18 条[1]以及第 37 条。[2]2021 年施行的《民法典》对于所有权、使用权等权属关系不明或有争议的财产作出了不可抵押的规定。该规定对于知识产权证券化中基础资产的选择有一定的限制作用。[3]

（二）法规、部门规章及相关政策规定

除法律外的其他有关科技成果证券化的文件为法规、部门规章以及相关的地方政府政策。具体表现为以国务院、国家知识产权局、证监会、银保监会、各地方政府为主体颁布的规范性文件。其中，国务院于 2004 年颁发的《关于推进资本市场改革开放和稳定发展的若干意见》（已失效）明确表示要积极稳妥地发展债券市场，探索并开发资产证券化种类。随后，证监会响应国家政策，于同年下发《关于证券公司开展资产证券化业务试点有关问题的通知》。该通知规定对证券公司开展资产证券化业务实行先个别试点、后整体推开的原则，从而成为指导资产证券化的规定。2008 年，我国将知识产权工作上升到国家战略层面。从此之后，国家更加重视知识产权的发展，逐渐建立

---

〔1〕《促进科技成果转化法》第 18 条规定，国家设立的研究开发机构、高等院校对其持有的科技成果，可自主决定转让、许可或者作价投资，但应当通过协议定价、在技术交易市场挂牌交易、拍卖等方式确定价格。

〔2〕《促进科技成果转化法》第 37 条规定，国家完善多层次资本市场，支持企业通过股权交易、依法发行股票和债券等直接融资方式为科技成果转化项目进行融资。

〔3〕《民法典》第 399 条规定，所有权、使用权不明或者有争议的财产不得抵押。

起支持企业进行知识产权金融服务的规范体系。党的十八大之后，知识产权证券化作为一颗冉冉升起的新星，被国家政策大力扶持。国务院发布多部政策性文件纷纷鼓励、支持知识产权证券化的发展。2019 年，除国务院、国家知识产权局颁布了相关文件，各地方政府也颁布了有关科技成果转化的规范性文件。2020 年，新冠疫情爆发，国家知识产权局办公室紧急下发《关于大力促进知识产权运用　支持打赢疫情防控阻击战的通知》。该通知强调各省、市应当充分发挥知识产权融资作用，出台措施应对疫情影响创新推进知识产权投融资服务，大力支持企业复工复产。

二、我国科技成果证券化立法特点及不足

（一）科技成果证券化立法特点

从法律层面来看，我国知识产权法律制度已经形成体系，可以为包括科技成果证券化在内的知识产权证券化提供较为完善的法律支撑。笔者认为，我国科技成果证券化立法具有如下两个方面的特点：

1. 从立法内容看：主要体现为宏观、一般性的规定

首先，关于科技成果证券化的法律规范文件主要包括《证券法》《信托法》《公司法》《专利法》《民法典》等。《证券法》《信托法》《公司法》等法律在内容上主要是对证券、信托、开设公司的基本事项作出规范，从主体、客体以及程序上为科技成果证券化的实施提供了法律依据。《专利法》《著作权法》则是从专业的知识产权角度对知识产权证券化中的客体进行规定。《促进科技成果转化法》阐述了科技成果的概念，并对科技成果转化的主体、流程等进行了规制。而《民法典》则是从宏观的法律角度阐述了知识产权以及抵押权等权属问题。

其次，其他政策性文件以及规章的内容主要为倡导性内容，是中央各部门以及省、市根据本部门、本地区的具体情况所制定的适合本部门、本地区发展的科技成果证券化文件，对科技成果证券化的具体实施具有指导意义。

2. 从立法形式看：涉及多个立法层次

我国对于科技成果证券化的法律规范呈多元化特点：主要由法律、行政法规、部门规章、地方政府规章以及政策文件等组成。法律类规范性文件的数量与其他规范性文件的数量相比，所占比例较少，而其中与科技成果知识产权证券化直接相关的文件数量则更少，目前主要是针对资产证券化流程、

知识产权基本概念、公司的基本问题所作出的规范。而行政法规、部门规章等其他规范性文件的规定基本上都是倡导性规范，表达了国家对于知识产权证券化以及促进科技成果转化的积极态度。

（二）科技成果证券化立法不足

1. 立法内容方面的欠缺

我国科技成果证券化法律制度虽已具备基本雏形，但都散见于一些规定中，并没有形成一个直接规范科技成果证券化的法律文件。因此，从该层面而言，我国并未形成体系化的科技成果证券化法律规范体系。虽然中央和地方各政府都非常重视知识产权证券化以及科技成果转化，然而相关政策法规的不足也说明了我国市场化进程中立法的跟进是十分必要的。

首先，在法律类文件中，缺乏可以直接针对科技成果类无形资产的直接规定，同时缺乏完整的科技成果证券交易流程。并且，我国并未对特殊目的机构予以法律层次上的定位，在证券破产风险隔离问题上也没有进行充分的说明，证券的信息披露以及监管制度都处于薄弱的状态。

其次，由于法律的缺失，虽然其他规范类文件对科技成果证券化有规定，但一旦与上位法发生冲突，便会直接影响下位法的效力，给科技成果证券化的实施带来不利影响。

2. 立法形式方面的不足

对于科技成果转化，我国主要依据的是《民法典》《促进科技成果转化法》等法律，其他关于科技成果转化的规定，通常为法规和各地方政府根据本土情况制定的规范性文件。

就科技成果证券化具体适用的法律规范而言，我国目前缺乏有针对性的专项规定，实践中主要依靠证监会制定的《证券公司及基金管理公司子公司资产证券化业务管理规定》（以下简称《规定》）。《规定》首先对资产证券化的一般性概念进行了解释，主要包括资产证券化业务、基础资产、证券化各方主体等概念；其次对证券化各方主体的职责作出了明确划分，重点规定了原始权益人的条件以及管理人的权利及义务；最后对专项计划的设立及备案、资产支持证券信息披露及监督管理等事项进行了规范。然而，《规定》即使详细地对证券化作出了一系列规定，但依旧没有明确地将知识产权划入基础资产内，只是对基础资产作出扩大解释，这种适用状况容易引发较多争议。

除上述《规定》外，其他对科技成果证券化作出规定的文件大多为国务院制定的倡导性行政法规以及知识产权局和地方政府等部门颁发的规章。这些法规规章的效力层次低于法律，容易与上位法产生矛盾。因此，完善相应的立法规定，是目前需要解决的重点问题。

三、我国科技成果证券化立法的必要性分析及完善建议

（一）我国科技成果证券化立法的必要性分析

1. 有利于为企业融资提供法律上的支持

目前，证券化是推动科技成果产业化的重要方式。在知识经济时代，一个企业所拥有的自主创新数量是企业参与市场竞争的一大重要要素。例如，2020 年吉利汽车在上海证券交易所上市时其招股书中的亮点数据就体现了自主知识产权的重要性。吉利汽车不仅拥有自主知识产权的 32 项核心技术，同时还拥有 9000 余项授权专利，位居科创板专利数量之首。其自主创新的优越性可以从销售量看出，吉利汽车于 2017 年度就已经占据国内车企销量首位，在之后的三个年度，吉利三大品牌合计销量连续三年排名国内自主车企销量第一。[1] 由此可见，科技成果对于企业的重要性不可小觑，自主知识产权即为竞争核心，是企业抢占市场份额的有力手段。

然而，目前国内众多中小企业产业化融资渠道单一，通常依赖于银行贷款、信用担保等方式，不能达到有效融资，无法满足企业发展创新的需要。与此同时，由于科技成果的未来收益具有较高的不确定性，企业无法得到足够的信赖支持，再加之近两年疫情原因，有更多的企业面临融资难问题。科技成果证券化作为一种融资方式，其非常重要的价值就在于能够完善传统融资方式的缺陷，能够使得高校或企业科技成果与金融市场联合，以大量的科技成果作为基础资产，将其证券化从而实现有效融资。

2. 有利于促进我国科技成果的转化

目前我国科技成果面临转化率低的问题，统计数据显示：[2] 2019 年我国有效专利实施率为 55.4%，有效专利产业化率达到 38.6%。2020 年我国有效发明专利产业化率较 2019 年略有下降，为 34.7%。虽然"十三五"以来，我

---

〔1〕"厉害！吉利汽车 IPO 启动，32 项核心技术，9332 项专利！数量居科创板之首"，载 https://www.sohu.com/a/416705386_120619654？referid=0004，最后访问时间：2021 年 8 月 25 日。

〔2〕《2019 年中国专利调查报告》，载国家知识产权局官网：https://www.cnipa.gov.cn/module/download/down.jsp？i_ID=40213&colID=88，最后访问时间：2021 年 8 月 25 日。

国有效发明专利产业化率基本稳定在 30% 以上，但与发达国家相比，我国科技成果转化率还有待提高。科技成果转化率低也是阻碍企业、高校创新发展的重要因素。

科技成果转化率低表示没有充分发挥其真正的市场价值，造成这种状况的原因有很多。首先是融资困难，转化的过程需要大量的资金支持，在整个商业化的过程中一旦资金链断裂，其进程就会被打断。其次，科技成果转化过程艰难的另一个原因是供需问题没有进行有效整合，市场供给和大众需求不符。另外，由于科技成果知识产权的无形性，其投资风险较高，投资者不愿冒着风险投资，这也是科技成果转化率低的原因之一。

科技成果证券化一方面可以解决融资难的困境，保证科技成果转化过程中的资金供给；另一方面，证券化在很大程度上隔离了风险，风险由 SPV 以及银行等机构承担，保证了科技成果原始权利人和投资者的利益。因此，科技成果证券化可以有效地促进科技成果转化，推动科技成果产业化发展。

3. 完善科技成果证券化立法，能够有效促进科教兴国

高校科技创新是我国创新体系的重要组成部分，同时也是我国科技成果贡献的主力。我国近年来强调促进科技成果的转化，着重突出高校科技成果转化的市场应用导向，要求树立只有转化才能实现科技成果自身价值的理念。[1]

高校科研经费的来源主要是政府资金供给，但因高校科研成果通常具有较高的前沿性和不确定性，使得市场供应和需求不符，因此科技成果转化率较低。而科技成果证券化可以提高科技成果转化率，能够为高校和企业注入资金，保障其创新过程不中断，从而从整体上推动国家科技创新发展。

从近年的实践看，一些高校也在积极探索科技成果证券化（见表 4-1）。

表 4-1　高校对科技成果证券化的探索

2019 年	北京交通大学	交控科技股份有限公司	上海证券交易所科创板	自主研发互联互通系统（I-CBTC）解决了城市轨道交通互联互通的难题，并在重庆互联互通国家示范工程中应用。自主研发全自动运行系统（FAO）在北京地铁燕房线

---

〔1〕 康旭东、张心阳、杨中楷："美国国家科学基金会促进高校科技成果转化的措施与启示"，载《中国科学基金》2021 年第 3 期，第 476 页。

续表

			应用，填补了国内 FAO 自主技术的空白。
2019 年	西北工业大学	西安铂力特增材技术股份有限公司	上海证券交易所科创板	"激光立体成形技术及国家 C919 飞机复杂钛合金构件生产制造"项目获得国家重大科技成果转化项目资助，成功试制激光立体成形 C919 飞机复杂钛合金结构件。
2021 年	上海海洋大学	上海太和水环境科技发展股份有限公司	上海证券交易所主板	专注于湖泊、市政河道和商业景观水体等水下生态系统的修复与建构，是中国高校科技成果转化联盟成员单位已投企业。

从具体实践来看，虽然有证券化的成功事例出现，但由于立法的不足以及人们的认识等原因，科技成果证券化的数量并不是很多。因此，完善相应的立法、增强可操作性的实践指导，对目前科技成果转化率比较低的高校来讲，也具有积极的推动意义。

（二）完善我国科技成果证券化立法的具体建议

1. 立法形式上可采取集中统一立法模式

科技成果证券化作为资产证券化的一种特殊形式，其基础资产与传统资产存在较大差别，因此科技成果证券化立法迫在眉睫。

按照我国立法模式的逻辑，在构建科技成果证券化具体立法规范时可以考虑将知识产权证券化类型专项化，采取统一、集中的立法模式，使其独立成法或在资产证券化法律中独立成章。

我国宜对科技成果证券化立法实行集中统一的立法模式的原因在于：首先，将散落在《证券法》《公司法》《破产法》等法律中关于资产证券化的法律综合成单独集中的法律规范，能够真正地实现规则间的协调统一。我国作为典型的成文法国家，集中统一的立法模式能够更好地体现我国法律之间的协调性及规范性，上位法和下位法相互配合，立法先行，配合其他规范性文件以及行业监管可以保证科技成果证券化整个流程的顺利进行，保障各方权益。其次，科技成果证券化集中统一立法更加符合我国金融监管体系改革的要求。[1]

---

〔1〕 宋寒亮："知识产权证券化的立法实现"，载《社会科学战线》2021 年第 4 期，第 273 页。

"十四五"期间我国金融监管仍面临着严峻的考验，党的十九届五中全会对完善金融监管体系提出了明确的要求。疫情当下，很多国家的经济受到了较大程度的打击，而我国在党的正确领导下成功抵御了疫情，经济也在稳步发展。科技成果证券化是当今市场经济发展的新形式，要让经济创新发展，就要加强监管体系建设，制定专门的科技成果证券化规范法律，不断完善我国金融体系。

在具体制度的设计上，我们也可以适当借鉴国外的立法经验，如日本探索无形资产证券化起步时间较早，在无形资产证券化方面，实行的是"立法先行、政府主导"的原则，并以此构建无形资产证券化法律体系。日本政府在探索知识产权证券化的过程中起到了非常重要的引导作用，从2003年政府发布《日本知识产权战略推进计划》[1]起，日本便将知识产权上升到国家战略地位。其无形资产证券化主要依赖于《日本知识产权战略推进计划》《日本特殊目的公司法》以及《日本资产流动化法》。[2]另外，日本一直不断完善知识产权法律以及资产证券化监管的法律法规，不断提高资产证券化监管力度，以保障无形资产证券化的实施。因此，我国可以以本国国情为基础，适当参考借鉴已有的立法经验，建立起中国特色社会主义科技成果证券化法律体系。

2. 立法内容上的完善措施

（1）将科技成果中的知识产权明确划入基础资产范围并且予以细化。基础资产是证券化成功的基础，我国目前对基础资产的规定范围比较抽象，[3]而知识产权作为无形财产，与传统资产存在较大的区别。因此，对于科技成果证券化立法而言，最基本的一点即应当把科技成果明确在基础资产的范围内，并在立法概念中明确体现出来。笔者根据我国目前已成功发行的知识产权证券化案例（如表4-2），结合相关规定提出以下两点建议：

---

[1] 2003年3月19日，日本知识产权战略本部召开首次会议，就战略大纲实施提交报告，决定3年内集中对知识产权制度改革。当年7月8日，日本知识产权战略本部公布了《有关知识产权创造、保护及其利用的推进计划》（日本知识产权界称之为《日本知识产权战略推进计划》）。该推进计划是根据《日本知识产权战略大纲》和《日本知识产权基本法》制定的。

[2] 张芬："美英日资产证券化监管模式对我国的启发"，载《现代经济信息》2020年第9期，第121页。

[3] 《规定》第3条第1款规定："本规定所称基础资产，是指符合法律法规规定，权属明确，可以产生独立、可预测的现金流且可特定化的财产权利或者财产。基础资产可以是单项财产权利或者财产，也可以是多项财产权利或者财产构成的资产组合。"

表4-2 我国目前已成功发行的知识产权证券化案例

项目名称	基础资产
"第一创业-文科租赁一期资产支持专项计划"（文科一期ABS）	文科一期ABS的基础资产为专利权、著作权，涉及发明专利、实用新型专利、著作权等知识产权共51项。覆盖艺术表演、影视制作发行、信息技术、数字出版等文化创意领域。
"奇艺世纪知识产权供应链金融资产支持专项计划"（奇艺世纪知识产权ABS）	该项目把内容制作公司对奇艺世纪提供影视版权而产生的应收账款债权作为项目的基础资产，具有多家应收账款债权人。
"兴业圆融-广州开发区专利许可资产支持专项计划"（"广州开发区专利许可ABS"）	基础资产为原始权益人所享有的广州开发区内11家科技型中小企业专利许可合同债权，底层专利类型包含发明专利与实用新型专利，具体模式为专利权人以独占许可专利的方式，将其持有的特定专利授权予原始权益人后反授权给专利权人，专利权人一次性获得专利许可使用费实现融资。
"首创-湖北租赁湖北省无形资产1-N期资产支持专项计划"	本次专项计划采用了"知识产权运营+二次许可"模式，突破性地采用了专利二次许可，不转移专利权权属的同时使原始权益人获得专利许可使用费的债权，并以此作为ABS专项计划的入池资产。

第一，知识产权作为基础资产，应对其数量作出法律规定。从表4-2我们可以看出，要想成功地发行科技成果证券，就要保证基础资产的数量在一定的范围以上，即应当对作为基础资产的科技成果权利数量进行最低规定。"文科一期ABS"的基础资产为专利权、著作权等权利组合，包括发明专利、实用新型专利、著作权等51项科技成果。[1]美国的知识产权证券化成功案例也可以验证该论述。例如，2003年美国药业特许公司收购了13种药品专利的专利许可未来收益使用权，并以该13种药品专利的专利许可使用权为基础资产进行了证券化。[2]该公司通过13种药品的专利许可使用权组合构成资金池，极大地降低了证券化风险。

---

〔1〕 "重磅！国内首个知识产权与金融融合ABS：文科一期深度解析"，载 https://www.sohu.com/a/336938922_100097462，最后访问时间：2021年8月30日。

〔2〕 "知识产权ABS即将启幕，'软实力'企业融资渠道再创新"，载 https://www.sohu.com/a/203 242481_99990182，最后访问时间：2021年8月30日。

第二，对科技成果的权属规定作出详细规定。科技成果的形成具有特殊性，其权属经常出现纷争。为了避免因科技成果权属纷争阻碍证券化的进程，同时也为了保障各方参与人的权利，法律应当对相关成果的权利归属问题作出具体、明确的规定，对存在争议或权属不清的科技成果作出法律上的强制性限制。并且，应当对原始权益人的信用进行调查，若征信较差，则直接将其排除在发起人范围以外。

（2）确定 SPV 为信托模式。根据各国证券化的实践来看，SPV 有三种组织模式：公司模式、信托模式、合伙模式。

采用公司模式的 SPV，通常而言可以参与多种证券化资产交易，灵活性比其他方式更大。然而，SPV 又分两种情况，即空壳公司或非空壳公司。美国规定公司的设立采用双重注册制，[1]注册后的 SPV 虽是法律上的独立实体，但实际上在很多情况下为空壳公司，只拥有名义上的公司资产，从事与证券化相关的业务。[2]但常设的 SPV 为非空壳公司，专门从事证券化业务，投入资产运营，扩大资产池的规模，实现更好的融资，从而分摊发行成本和风险。[3]然而，我国现行《公司法》《证券法》等法律对公司模式 SPV 的限制颇多，并且存在一定的矛盾，因此公司模式 SPV 目前并不完全适用于我国。[4]

对于合伙模式，若为有限合伙企业，除有限合伙人外，其余普通合伙人承担无限连带责任，普通合伙企业亦是如此，其资产易发生混淆，SPV 风险隔离的作用无法实现。

而信托模式在目前看来是最适合我国科技成果证券化发展的 SPV 模式。信托模式的 SPV 实际上应为 SPT，即 "Special Purpose Trust"。根据《信托法》第 2 条信托的概念，对科技成果证券化信托模式予以分析，即为发起人（委托人）基于对受托人的信赖，将拟被证券化的成果权利委托给受托人，由

---

〔1〕《美国宪法》规定：美国本土公司在美国境内 IPO，在联邦制的宪政结构中，一般必须在联邦与州（发行或销售涉及的州）两个层面同时注册（联邦或州豁免注册的情形除外），这就是所谓的双重注册制。

〔2〕仇海珍："美国知识产权证券化法律制度研究"，复旦大学 2012 年硕士学位论文。

〔3〕李祖山："知识产权证券化若干法律问题研究"，华侨大学 2014 年硕士学位论文。

〔4〕孟珍："知识产权证券化的日本经验与中国启示——以法律制度与实践的互动为视角"，载《南京理工大学学报（社会科学版）》2018 年第 4 期，第 39 页。

受托人按发起人的真实意愿，以自己的名义发行证券的行为。[1]因此，相比于公司模式以及合伙模式，我国《信托法》为信托模式的 SPV 提供了法律基础。虽然我国目前的信托模式 SPV 实践还较为保守，但可以通过借鉴国外成功经验并结合我国已有的科技成果证券化及资产证券化的成功经验来发展特殊目的信托。美国首例知识产权证券化成功案例"鲍伊债券"即采用了 SPT 的模式，成功利用音乐版权发行了证券。

除美国外，日本在证券化过程中也更加青睐于 SPV 信托模式。在实践中，日本无形资产证券化适用程度较高，经常性运用于企业创新科技成果证券化以及高校科技成果证券化。日本首例无形资产证券化案例"Scalar 案"也采用了信托模式的 SPV。[2]日本 SPV 信托制度具有较高优越性的原因和其法律制度规定息息相关，日本对信托法、信托投资法、资产流动化法等金融信托类法律的修改速度较快，与时俱进，更加适合其本国国情。日本政府对信托模式的重视程度是主导性知识产权证券化信托模式成功的关键要素，为其知识产权证券化的发展起到了积极的推动作用。

我国可以适当借鉴域外的立法经验，将《证券法》及其相关法律更加具体化、细节化，从法律上确定采取信托模式的 SPV，从而充分发挥 SPV 的风险隔离功能。

（3）明确将来债权的相关法律规定。

第一，应当明确将来债权可让与性的法律规定。《民法典》第545条规定债权可以转让，但将来债权的可转让性并没有明确的法律规定。[3]然而，从美国、日本知识产权证券化相关实践来看，将来债权的让与制度非常重要。因此，我国要进一步发展科技成果证券化，就应当在法律上明确规定将来债权的可让与性，使之更加适应科技成果证券化的发展。

第二，建立将来债权让与公示制度。根据我国《民法典》第546条债权转移通知制度可以得知，我国目前债权转让生效要件采取的方式为通知

---

〔1〕《信托法》第2条规定："本法所称信托，是指委托人基于对受托人的信任，将其财产权委托给受托人，由受托人按委托人的意愿以自己的名义，为受益人的利益或者特定目的，进行管理或者处分的行为。"

〔2〕贺琪："知识产权资产证券化立法模式选择——基于国外立法模式考察的思考"，载《电子知识产权》2019年第8期，第50页。

〔3〕《民法典》第545条规定，债权人可以将债权的全部或者部分转让给第三人。

制度。[1]然而，由于将来债权中的债务人并不确定，因此盲目地适用《民法典》规定的通知主义无疑是不合适且不现实的。针对将来债权的特殊性，我国可以借鉴美国债权让与公示制度，以公示的形式实现债权让予通知义务，在证券化时对债权让与进行登记，并由特定主管机关公示。这一方式更加便利，并且可以弥补传统通知方式耗时耗力的弊端，节约证券化成本。

（4）完善信用评级标准。作为无形资产的科技成果与传统资产存在着区别，也正是因为科技成果具有无形性、未来收益的不确定性等特殊性，在对其进行评级时无法采用传统的信用评级方法。目前，我国信用评级的标准主要由评级机构自主决定，并且信用评级机构仅对评估过程的公正性负责，风险还是由投资者来承担，信用评级机构并不承担该风险。无形资产较传统资产评估更加困难，其价值与诸多因素相关联，浮动较大，未来收益无法预测，因此无法利用参照物来进行传统评估。

在科技成果证券化信用评估时可以参考商业银行中信用部门的做法。商业银行中的信用部门通过对企业或个人的大数据进行整合分析，立足于海量的数据库，评估贷款主体的整体信用风险。[2]这样的方法虽然对信息数量提出了非常高的要求，但是该风险评估系统更加全面、系统、综合。因此，我国可以在立法时明确科技成果信用评级标准，对可证券化的科技成果的数量、质量、权利组合等明确地进行法律规定，形成一个业界标准，从而维护证券市场健康发展，保护投资者利益。

（5）完善科技成果证券化信息披露制度。证券市场的信息披露制度是保护投资者的必备要件之一，因此，完善科技成果证券化的信息披露制度具有积极的意义。

面对目前实践中存在的信息披露制度的不足，我国首先应当制定相关法律，将《证券法》《规定》等相关法律法规中关于信息披露的条文统合成一部法律或完整的一章，实现信息披露法律体系的构建。其次，应当扩大信息披露主体的范围。由于科技成果证券化涉及多方主体，法律关系非常复杂，因此不应将披露主体范围仅限于证券发行公司及其公司内部相关负责人、中介服务机构及其

---

〔1〕《民法典》第546条规定："债权人转让债权，未通知债务人的，该转让对债务人不发生效力。债权转让的通知不得撤销，但是经受让人同意的除外。"

〔2〕姜增明、陈剑锋、张超："金融科技赋能商业银行风险管理转型"，载《当代经济管理》2019年第1期，第88页。

内部相关工作人员。[1]另外，应当明确科技成果证券化多方主体的法律责任，从选择基础资产建造资金池起，到最后的证券发行各个环节都要保证各方主体承担其应当承担的信息披露责任，违反披露义务的，应当有专门的法律规定予以规制。

综上所述，科技成果证券化是利用科技成果的未来收益权实现融资的有效途径，在美国、日本等国家已经成为促进市场发展以及科技成果转化的重要方式。科技成果证券化作为新兴的融资工具，在我国也开始逐步发展。作为一种新制度，其在发展道路上必然面临许多问题和阻碍，因此，构建适合我国国情的科技成果证券化制度显得格外重要。

本章侧重科技成果证券化立法问题研究，主要对科技成果证券化的过程以及国家相关法律法规作出了梳理，并且结合我国当前发展现状，提出了适合我国科技成果证券化立法的建议。相信随着法律法规的不断完善和科技成果证券化的深入实践，我国科技成果转化率会不断提高，从而有效地改变目前科技成果转化率偏低的实际问题。

附录　本章研究内容涉及的立法规定汇总

表 4-3　法律层面的规定

序号	法律名称	颁布机关及时间	具体规定
1	信托法	全国人民代表大会常务委员会 2001 年	设立信托必须有确定的、并且为委托人合法所有的信托财产或财产权利。
2	促进科技成果转化法	全国人民代表大会常务委员会 2015 年	国家鼓励并支持科技成果的转化实施，鼓励地方各级政府结合本地实际制定科技成果转化的地方性政策。 国有研究机构、高等院校对其持有的科技成果，可自主决定转化方式，可转让或作价投资，但应当通过在技术交易市场挂牌交易等方式确定价格。

---

[1]　《证券公司及基金管理公司子公司资产证券化业务信息披露指引》。

序号	法律名称	颁布机关及时间	具体规定
			国家支持企业通过股权交易、发行债券等市场融资方式进行科技成果转化。
3	公司法	全国人民代表大会常务委员会 2018年	取消了无形资产在公司资产中的占比限制。
4	专利法	全国人民代表大会常务委员会 2020年	执行单位任务或主要利用单位的物质条件所完成的发明创造为职务发明，该单位属于发明创造的专利权人，并且可以对相关科技成果进行进一步转化。但若有约定，从其约定。
5	民法典	全国人民代表大会 2020年	所有权、使用权等权属关系不明或有争议的财产不可抵押。

表4-4 法规、部门规章及相关政策规定

序号	法规名称	颁布机关及时间	主要内容
1	证券公司客户资产管理业务试行办法	证监会 2003年（已失效）	为了保护投资者的合法权益，对证券公司客户资产管理业务予以规制。
2	关于推进资本市场改革开放和稳定发展的若干意见	国务院 2004年（已失效）	积极稳妥发展债券市场，探索并开发资产证券化种类。以严格抵御风险为基础，鼓励适格企业通过发行公司债券募集资金，增加债券市场活力，促进资本市场向上发展。
3	关于证券公司开展资产证券化业务试点有关问题的通知	证监会 2004年	为稳妥推动资产证券化的发展，防止可能出现的金融风险，证监会对证券公司开展资产证券化业务实行先个别试点、后整体推开的原则。
4	信贷资产证券化试点管理办法	中国人民银行、原银监会 2005年	标志着我国资产证券化试点工作正式启动，但此时资产支持证券仅在全国银行间债券市场上发行和交易。

序号	法规名称	颁布机关及时间	主要内容
5	国家知识产权战略纲要	国务院 2008年	知识产权工作上升到我国国家战略层面。
6	2011年国家知识产权战略实施推进计划	国家知识产权战略实施部际联席会议办公室 2011年	支持并监督、规范企业知识产权质押融资，对中小企业知识产权评估与投融资服务机制进行创新。
7	2012年国家知识产权战略实施推进计划	国家知识产权局 2012年	要大力推广国家中小企业知识产权金融服务项目，完善建立专家支持系统以及专利质押融资公共服务平台，切实培育一批国家知识产权质押融资示范单位。
8	关于进一步扩大信贷资产证券化试点有关事项的通知	中国人民银行、原银监会、财政部 2012年	我国资产证券化业务重新启动，并且扩大试点阶段。
9	2013年国家知识产权战略实施推进计划	国家知识产权局 2013年	完善知识产权投、融资相关政策，完善制定商业银行知识产权质押贷款业务指导意见，努力搭建20个知识产权投融资服务平台，大力开展知识产权许可权、股权与其他资产组合的新模式试点工作。
10	关于进一步规范信贷资产证券化发起机构风险自留行为的公告	中国人民银行、原银监会 2013年	明确规定信贷资产证券化发起机构自留不低于5%的基础资产信用风险。
11	证券公司及基金管理公司子公司资产证券化业务管理规定	证监会 2014年	证券化中的基础资产是指权属关系明确，能够产生独立、可预测稳定的现金流的财产权利或财产，也可是上述所称财产和权利的资产组合。基础资产的范围包括企业应收款、债券、信贷、信托等财产权利，不动产财产或不动产收益权以及其他财产或财产权利。

续表

序号	法规名称	颁布机关及时间	主要内容
			资产支持证券可以通过内外部信用增级方式提升信用等级；应当由证监会核准成立的资信评级机构对资产支持证券进行一系列评级活动。
12	关于信贷资产证券化备案登记工作流程的通知	原银监会办公厅 2014 年	宣布信贷资产证券化业务由审批制改为备案登记制。
13	关于信贷资产支持证券发行管理有关事宜的公告	中国人民银行 2015 年	宣布已经取得监管部门相关业务资格、发行过信贷资产支持证券并且能够按照规定披露信息的受托机构和发起机构可以向央行申请注册，并在注册有效期内自主发行信贷 ABS。
14	2015 年国家知识产权战略实施推进计划	国家知识产权局 2015 年	支持银行等金融机构大力开展知识产权融资服务，支持地方政府建立小微企业信贷风险补偿基金，支持我国自主创新企业进行知识产权质押贷款。
15	关于进一步推动知识产权金融服务工作的意见	国家知识产权局 2015 年	推动发展证券与知识产权业务的结合。
16	关于新形势下加快知识产权强国建设的若干意见	国务院 2015 年	强调加强探索知识产权证券化建设，创新知识产权金融产品，完善知识产权融资担保项目，创新多模式金融服务。
17	2016 年深入实施国家知识产权战略加快建设知识产权强国推进计划	国务院知识产权战略实施工作部际联席会议办公室 2016 年	要深化开展专利权质押融资服务，并且鼓励企业充分运用商标质押融资，从而解决资金不足问题。
18	"十三五"国家知识产权保护和运用规划	国务院 2016 年	强调国家应当开展知识产权证券化及信托业务，大力支持企业利用知识产权出资入股。

序号	法规名称	颁布机关及时间	主要内容
19	2017年深入实施国家知识产权战略加快建设知识产权强国推进计划	国务院知识产权战略实施工作部际联席会议办公室 2017年	要完善知识产权信用担保机制，大力支持有条件的金融机构，开展知识产权融资业务。同时推动《融资担保公司管理条例》的出台，完善知识产权质押的登记机制。
20	国家技术转移体系建设方案	国务院 2017年	大力开展知识产权证券化融资试点。
21	2018年深入实施国家知识产权战略加快建设知识产权强国推进计划	国务院知识产权战略实施工作部际联席会议办公室 2018年颁发	大力推动专利权质押等知识产权融资模式，探索开展知识产权证券化业务。
22	关于支持自由贸易试验区深化改革创新若干措施的通知	国务院 2018年	鼓励有条件的自贸区开展知识产权证券化试点，发展知识产权证券化业务。
23	推动知识产权高质量发展年度工作指引（2019）	国家知识产权局 2019年	完善建立知识产权运用促进政策体系，继续大力支持知识产权质押金融服务，加快推进知识产权证券化试点，推进企业创新建设。
24	关于进一步加强知识产权质押融资工作的通知	银保监会、国家知识产权局、国家版权局 2019年	在风险可控的前提下，进一步优化知识产权质押融资服务体系，鼓励知识产权密集型企业的知识产权质押融资需求。
25	北京市促进科技成果转化条例	北京市人民代表大会常务委员会 2019年	政府设立的研发机构、高等院校，可以将其依法取得的职务科技成果知识产权，以及其他未形成知识产权的职务科技成果的使用、转让、投资等权利，全部或者部分给予科技成果完成人。

序号	法规名称	颁布机关及时间	主要内容
26	关于大力促进知识产权运用 支持打赢疫情防控阻击战的通知	国家知识产权局办公室 2020 年	强调全国各省、市应当充分发挥知识产权融资作用，应对疫情影响积极推进知识产权投融资服务，出台措施大力支持金融机构开发符合疫情防控、适合企业复工复产的知识产权证券化产品。
27	推动知识产权高质量发展年度工作指引（2020）	国家知识产权局 2020 年	加大金融机构对知识产权证券化的支持力度，进一步发展知识产权质押融资规模。
28	2020 年深入实施国家知识产权战略加快建设知识产权强国推进计划	国务院知识产权战略实施工作部际联席会议办公室 2020 年	要求国家知识产权局、中国人民银行、银保监会按照职责广泛开展知识产权质押服务，发展知识产融资业务及知识产权担保机制，大力支持融资担保公司开发知识产权担保业务。同时要求国家知识产权局、财政部及证监会加快推动以深圳、上海为主的知识产权证券化试点工作。
29	推动知识产权高质量发展年度工作指引（2011）	国家知识产权局 2021 年	明确提出要完善知识产权的运用。大力推动知识产权融资，进一步激发企业创造力，实现知识产权证券化的发展。

第五章
高校科技成果转化内部行为规范研究[*]

高校内部规范是促进科技成果转化落实的基础性指导文件，是有效促进高校科技创新与转化的重要实施基础与制度保障。目前，高校科技成果转化内部行为规范的内容主要围绕"内部技术机构建设""转移平台建设""产学研合作""利益分享、兼职创业和创设参股新公司"等方面制定，高校内部规范的制定和完善应当以法律法规以及相关政策为依据。建立健全高校科技成果转化管理机制有助于我国创新驱动发展战略的实施，提升我国综合国力，同时对落实国家宏观政策，推动高校内部开展科技成果转化工作也具有积极的意义。目前，我国高校在政策引领以及内部规范的助力下，根据学校实际情况和办学特色积极开展了多种方式的科技成果转化工作，取得了显著的成效。但也存在着一定的问题：如高校成果转化工作仍面临缺少专业化转移机构及专业人才、科研体制机制不完善，校企间合作沟通机制不健全等问题，需要高校进一步完善校内科技成果转化制度体系，落实贯彻国家相关政策，以有效地推动科技成果转化工作高质、高效进行。

第一节　高校科技成果转化内部行为规范的内涵及制定依据

一、高校科技成果转化内部行为规范的内涵

科技创新是一国经济发展的重要动力，高校在科技创新领域扮演了重要的角色，是科技创新的重要参与者。高校科技创新已经成为我国科技创新体

———————
　＊　王彤，北方工业大学 2020 届民商法学专业硕士研究生。

系的重要组成部分，科技成果转移转化工作是高校科技创新的重点工作，也是推动我国创新驱动发展战略的重要一环。而助力高校科技成果的转移转化不仅需要完备的科技成果转化法律体系的支撑，亦需要高校自身制定的内部行为规范来提升制度的可操作性。从有关内部规范的性质和法律地位的角度来看，高校内部规范并非在法律法规的范畴之内，其具体实施并不以国家强制力作为保障，但内部规范本身对于校内工作的开展与管理具有拘束力、确定力和执行力。[1]换言之，高校通过其制定的内部行为规范将国家有关科技成果转化的行政法律、法规、规章政策予以制度化与具体化。因此，高校内部规范是促进科技成果转化落实的基础性指导文件，是高校为贯彻落实国家促进科技成果转移转化工作，规范科技成果转化活动，根据相关法律法规政策，结合学校办学理念与实际情况，依照一定程序制定并在全校范围内实施，对相关人员有普遍约束力的管理制度。

高校科技成果转化内部行为规范是有效促进高校科技创新与转化的重要实施基础与制度保障。从相关高校制定的内部规范来看，其不同于国家法律法规以及政策指示为科技成果转化提供原则性与指导性的规定与要求，高校内部规范是根据法律法规以及相关政策制定的具体化与细致化，更具有可操作性的实施办法。目前，高校科技成果转化内部行为规范的主要内容往往围绕"内部技术机构建设""转移平台建设""产学研合作""利益分享、兼职创业和创设参股新公司"等方面制定：

第一，内部技术机构建设方面主要涉及统筹全校科技成果转化的领导部门设置，规定具体实施科技成果转化的归口管理部门，以及相关工作的具体责任人。除此之外，部分高校还配有学校科技园、外派科技合作机构等，这些同样是高校科技成果转移转化体系的重要组成部分。

第二，科技成果的转移转化需要建设服务平台，为科技链与产业链的有效衔接提供支撑，转移平台建设是推进高校科技成果走向产业化的重要力量，同时也是解决高校科技成果转化难题的有效路径。教育部、科技部等曾通过相关规范性文件[2]要求高校与企业等多方主体加强平台建设，服务国家发展

---

[1] 徐靖："高校校规：司法适用的正当性与适用原则"，载《中国法学》2017年第5期，第94页。

[2] 《促进高等学校科技成果转移转化行动方案》第二项重点任务第（三）点规定："加强平台建设，服务国家发展战略实施。"

战略的实施，各高校也通过内部规范的形式对相关要求予以落实，在政府以及相关部委的引导下积极开展转化平台的建设工作。

第三，随着国家一系列政策规章一再强调发挥市场作用加强产学研用结合的要求和部署，高校加强产学研合作创新的意识普遍增强，将政策要求积极落实于各校科技成果转化实施办法之中。产学研合作主要通过技术开发、技术咨询、技术服务等方式得以体现。《中国科技成果转化年度报告2020（高等院校与科研院所篇）》公布的数据显示：高等院校输出技术、服务能力不断增强，技术开发、咨询、服务质量和数量稳步上升。[1]

第四，合理有效的收益分配机制能够激励科研人员进行科技创新，同时通过利益分享能够极人地提高科研人员参与科技成果转移转化的积极性。只有高校结合自身条件制定符合学校和科研人员实际情况的收益分配机制，才能切实有效地帮助科研人员获得必要的科研回报和转化收益，回报与收益作为物质激励，是科研人员进行科技成果研发与转化的内在动因，也是高校进一步落实相关政策要求的必要举措。兼职创业方面，《促进科技成果转化法》和《促进科技成果转移转化行动方案》等法律法规指出，国家鼓励科研人员兼职或离岗创新创业促进科技成果转化。据统计，大多数高校均已出台相关实施办法落实相关政策要求，具体包括高校离岗创业兼职人员的离岗创业期限、权利与义务、责任等。

二、高校科技成果转化内部行为规范的制定动因

第一，高校制定科技成果转化内部行为规范是助力创新驱动发展战略实施，提升我国综合国力的必然要求。在我国实施创新驱动发展战略的背景下，加强科技创新是提高我国生产力，促进国家经济进一步发展的重要战略支撑，同时有利于提高我国的综合国力。[2]高校凭借其庞大的科研人才队伍、雄厚的科研资源基础以及丰硕的科技创新成果等优势在国家科技创新体系中扮演着重要角色。然而，科技创新不仅仅是科学研究这一孤立过程，还需要将研

---

〔1〕　中国科技评估与成果管理研究会、国家科技评估中心、中国科学技术信息研究所编著：《中国科技成果转化年度报告2020（高等院校与科研院所篇）》，科学技术文献出版社2021年版，第208页。

〔2〕　朱箭容、王子敏："创新驱动战略视角下高校科技成果转化机制改革研究"，载《现代管理科学》2018年第12期，第88页。

究取得的科技成果转化为推动经济发展的现实生产力。高校开展科技成果的转移转化旨在将科学研究成果与社会发展需求相结合，推动高价值成果产业化，实现科技创新价值，让创新驱动经济发展。

第二，国家宏观政策引导高校科技成果转化内部规范的制定。在创新驱动发展战略的影响下，科技成果转移转化的工作受到了党中央、国务院以及各部委的高度重视，[1]为了加快推进科技成果转化工作，我国出台了一系列有关的政策法规，以为高校科技成果转化工作提供指导意见。高校只有在此基础上构建符合自身特色的科技成果转化体系，建立具体实施细则，才能避免相关政策难以执行、流于形式等"走过场"问题。高校内部规范的制定根植于国家政府层面的规范性文件，校内管理办法不得与国家有关规定相抵触，其制定目的之一即细化实施国家宏观层面的制度要求。

第三，高校为实现自身发展积极落实科技成果转移转化工作。在我国出台了一系列促进科技成果转化政策的背景下，高校科技成果转化能力逐渐成为评价高校科研能力和综合竞争力的一个重要指标。一方面，高校从事科技成果转化工作将科研创新的强大势能转化为推动国家经济增长的重要动能，是高校履行社会服务功能的延伸。另一方面，在国家政策与校内规范的支持下，高校在科技成果转化过程中势必会加强科研人员与企业的合作沟通，科研人员对市场需求更加了解，促进科学研究的可转化价值，提升学校科研能力。此外，在人才培养方面，校企联合创建的大学生创业实习基地等合作平台可以为在校学生提供更多的实习、兼职、创业机会，切实提高学生对生产实践环节的理解与认识，对学生发展发挥重要作用。

三、高校科技成果转化内部行为规范制定的立法依据

国家政府层面关于科技成果转移转化的法律法规是高校制定内部规范性文件的根据。2015 年，国家对《促进科技成果转化法》进行修正；2016 年 2 月，国务院颁布《实施〈中华人民共和国促进科技成果转化法〉若干规定》；同年 4 月，国务院办公厅印发《促进科技成果转移转化行动方案》，形成了从

---

〔1〕 2020 年，习近平总书记在科学家座谈会等多个场合的讲话中对科技成果转化作出新指示，要求"加速科技成果向现实生产力转化，提升产业链水平，维护产业链安全"。《中共中央关于制定国民经济和社会发展第十四个五年规划和二〇三五年远景目标的建议》提出"加强知识产权保护，大幅提高科技成果转移转化成效"，对未来科技成果转化指明了方向。

修法到具体实施细则再到部署具体任务的科技成果转化"三部曲"。随后，2018 年至 2019 年又陆续出台 45 项科技成果转化政策。[1] 2020 年，党中央、国务院及各部委高度重视科技成果转移转化，修订多部法律法规和 30 多个政策文件，[2] 不断完善科技成果转化法律法规及政策体系，建立了多角度多层次的政策支撑体系，为高校科技成果转化提供了法律保障。这一系列做法不仅有利于激发高校从事科技成果转化的活力，极大地调动了高校转化科技成果的积极性，也使得我国高校科技成果转化规模逐年扩大。

（一）高校科技成果转化内部行为规范的依据：相关法律

我国于 1996 年 10 月施行的《促进科技成果转化法》确立了科技成果转化的基本原则、管理机制、组织实施以及保障措施等基本制度。该法对当时的科技成果转化工作的实施以及促进科技研发向现实生产力的转化方面发挥了重要作用。但随着社会的进步与改革，该法存在的机关规定较为原则、缺乏可操作性等问题日益凸显，难以适应社会发展新形势的需求。为了更好地适应社会主义市场经济的发展，促进新时代下的科技创新与成果转化，加之我国出台了一系列涉及科技成果转化的政策并予以实施，有一定成功的实践经验，已经具备了法律修正的基础，2015 年修正的《促进科技成果转化法》对相关制度内容进行了完善，修正内容超过原内容的 80%，调整了 32 项具体制度，涉及完善科技成果处置、完善科研评价体系、加大对科研人员激励力度等多方面内容。这次修正为高校科技成果转移转化提供了基础，对指导高校科技创新与成果转化具有重要意义。

我国于 2020 年修正的《专利法》同样在创新驱动发展战略背景下，为确保专利发挥经济效用，针对专利申请授权后的实施与运用进行了完善。在职务发明制度方面，新增条款提出倡导性质的规定，表明国家鼓励对被授予专利权的单位实施产权激励措施，对于科研人员采取股权、期权等多种方式合理分享创新利益，提高科研人员的积极性，促进成果转化。在专利信息公共服务方面，为促进专利信息公开披露与利用，及时发布、传播和有效利用专利信息，提高科研创新价值，促进科技成果产业化，减少重复研发，修正后的《专利法》第 21 条进一步完善了专利信息公共服务体系。除此之外，新增

---

[1]　45 项政策中，党中央、国务院印发 11 项，相关部委印发 34 项。

[2]　30 多个文件中，党中央、国务院印发 11 项，其余为相关部委印发。

专利开放许可制度，以解决由研发链条与产业链条因信息不对称导致的科技成果转化率低的问题。国家通过立法的方式大力推进高校科技成果转化，为高校开展相关工作提供了制度支撑和法律保障，同时也为高校落实相关制度提供了重要依据。[1]

（二）高校科技成果转化内部行为规范的依据：法规、规章及其他规范性文件

2016 年 2 月 26 日，国务院发布《实施〈中华人民共和国促进科技成果转化法〉若干规定》。该规定的颁布宗旨是确保《促进科技成果转化法》的实施。具体而言，该规定要求高校建立技术转移工作体系机制，完善科技成果转化管理制度，明确责任主体，加强队伍建设，并鼓励建立专业科技成果转移转化机构。该规定进一步明确了协议定价的公示期，并鼓励以科技成果入股投资方式促进成果转化发展。这一规定细化了高校科研人员从事科技成果转化的收益分配制度以及离岗创业从事转化工作应保留人事关系等具体措施。

2016 年 4 月 21 日，国务院办公厅发布《促进科技成果转移转化行动方案》。该方案引导和支持高校建立健全技术转移机构，强化市场运营能力。明确要建立面向企业的技术服务站点网络，推动校企间的有效对接，通过多种形式转化实现科技成果的市场价值。该方案提出要构建国家技术交易网络平台，以网络为载体，链接企业、转移机构、高校等多方主体，建设涉及科技成果多方面的信息汇交与发布系统。

2016 年 8 月 3 日，教育部、科技部印发《关于加强高等学校科技成果转移转化工作的若干意见》；同年 10 月 13 日，教育部办公厅发布《促进高等学校科技成果转移转化行动计划》。这两部规范性文件将科技成果转化工作具体到高校方面，并结合高校实际情况提出了具体的意见和指导方针。在内部技术机构建设方面，提出应加强对科技成果转化的组织协调管理工作，建立成果转移转化管理平台，建设校内科技成果转化专门机构或者委托独立的专业机构实施科技成果转化。在产学研合作方面，指出要加大产学研相结合的力度，支持科技人员面向企业开展技术开发、技术服务、技术咨询和技术培训。在利益分享方面，指出高校要依据国家规定和学校情况制定收益分配政策和

---

[1] 陈扬跃、马正平："专利法第四次修改的主要内容与价值取向"，载《知识产权》2020 年第 12 期，第 14~16 页。

收益分配办法，并校内公开。在人事管理制度方面，规定科研人员在切实履行本职职责的前提下，征得学校同意，可以到企业兼职从事科技成果转化工作或离岗创业，三年内保留人事关系，以解决科研人员的后顾之忧。在创新人才培养模式方面，要求积极探索人才培养方式，通过校企联合建立科研基地，助力提高学生创新创业实践能力。

2020 年 2 月 3 日，教育部、国家知识产权局、科技部发布《关于提升高等学校专利质量促进转化运用的若干意见》。该意见指出，我国高校在专利申请方面存在"重数量重申请"的问题。同时，为全面提高专利质量，促进专利后续实施转化，该意见提出了完善知识产权管理体系、建立知识产权重大项目管理流程、建立职务成果披露制度、开展专利申请前评估、强化技术转移与知识产权专业运营机构建设、优化政策体系的目标任务，并要求应切实提升专利成果质量，促进后续组织实施，提升高校科技成果转化能力。

2020 年 5 月 9 日，科技部等 9 部门发布《赋予科研人员职务科技成果所有权或长期使用权试点实施方案》。该实施方案主要涉及科技成果转化利益分享机制方面，对于具备权属清晰、转化前景明朗等前置条件的职务科技成果所有权，规定单位和科研团队共同成为相关成果的共同所有权人，并可以赋予科研人员不低于 10 年的职务科技成果长期使用权。同时，要求建立健全相关科技成果赋权的管理流程决策体系，加大实施产权激励措施，完善产权激励政策，进一步提升科研人员从事科技成果转化工作的积极性，从而提升科技成果转化率，推动我国经济的高质量发展。

2020 年 5 月 13 日，科技部、教育部发布《关于进一步推进高等学校专业化技术转移机构建设发展的实施意见》。该实施意见将重点聚焦于高校科技成果转化技术机构建设方面，要求应当以技术转移机构建设为发展突破口，建立技术转移中心、技术转移办公室等或与企业、地方联合创办专门从事科技成果转化的独立机构。并指出应明确其成果转化职能，建立专业人才队伍，让专业的人干专业的事。同时要求高校应制定市场化的运营机制与配套的规范管理办法，形成技术转移机构的内部管理体系。

第二节　高校科技成果转化内部行为规范实践状况分析

一、高校科技成果转化内部规范实践状况

随着我国《促进科技成果转化法》的修正以及相关法律、行政法规、规章和其他政策紧锣密鼓般的相继出台，尤其是教育部发布的相关政策文件，更是将国家层面的要求进一步细化，旨在为高校制定建立科技成果转化工作管理体系提出要求和指引，为高校制定科技成果转化内部行为规范提供框架基础。据了解，教育部科技发展中心产学研工作调研组对全国范围内不同层次的51所高校进行了调研，涉及的高校均通过制定高校内部行为规范形式完成了科技成果转化管理体系建设，通过相应管理办法的出台完善了专利成果的实施和运用以及推动了科技成果转化制度的完善。[1]

（一）高校科技成果转化内部规范涉及的主要内容

1. 建立专业技术转移机构，发挥成果转化服务支撑作用

为了有效提高科技成果转化率，进一步支撑科技成果转移转化，多所高校积极建立满足科技成果转化需求的专业技术转移机构和人才队伍。

例如，南京邮电大学注重技术转移机构建设，专门成立具备分支机构、专业转移技术队伍的技术转移中心开展相关工作。对于技术转移中心同样建立规范的管理办法，明确考核评价细则，制定每年度的具体目标任务和考核指标，对于中心工作人员以业绩奖励作为激励手段，提升中心工作人员的积极性。学校积极为技术转移中心提供资金支持，为工作人员工资、专项运营经费和成果孵化资金等提供有力保障。

北京理工大学同样建立了服务于成果转化的技术转移中心，并且以市场化运营的方式成立北京理工技术转移有限公司，两者由统一的专业人才队伍开展转移工作，以市场化运营的手段和公司体制解决了事业单位体制约束的限制，成效显著，有效地推动了学校科技成果转化工作。

部分高校还不具备内部专门从事科技成果转移转化的机构，可以借鉴北京理工大学的做法，积极成立技术转移中心专门负责科技成果转移转化工作，

---

[1]．陈海鹏、刘红斌、张顺：“产学研深度融合 促进高校科技成果转移转化——基于51所高校及88家企事业单位的调查分析”，载《中国高校科技》2019年第3期，第5页。

以更好地为校内科技成果转移转化发挥重要的服务作用。技术转移中心利用在政策解读、市场经验、政府沟通和企业对接等方面的优势为技术负责人提供综合服务从而促进科技成果转移转化。

2. 强化产学研相结合，提高科技成果转化效能

科技成果转化牵涉高校、科研院所、企业、政府、第三方机构等诸多部门，机制构成复杂，高校自身难以在内部独立完成成果转化，往往需要作为成果持有方与作为转化需求方的企业进行对接，加强二者的沟通合作，从而使其科研创新活动与企业生产经营活动相结合，促成科技成果转移转化。很多高校均认识到了强化产学研相结合的重要性，于是纷纷创新产学研合作模式，探索建立符合自身特点的科技成果转化产学研合作体系。

例如，华东理工大学完善信息公开制度建设，通过多种途径健全科技成果转化公式制度，丰富信息公开渠道，促进校企间的信息公开对称，有效解决了高校科技成果转移转化诉求经常遭遇的信息不对称的困境。另一方面，学校积极优化校企合作模式，主动邀请相关合作企业以及地方政府到校沟通参观或组织学校科研人员到企业中去学习交流，拓宽合作渠道，将有发展前景的优秀科技成果进行推介，促成产学研合作。

南京航空航天大学依托技术转移平台，积极与地方政府、企业开展合作，建立产学研合作机制。学校积极响应国家以及地方政府关于创新发展的政策要求，以学校成立的获批国家技术转移示范机构为依托，举办多场次科技研讨会、科学技术展览会等科技创新活动，促进技术转移转化。学校与当地多家企业建立合作关系，签订校企联盟协议，共同致力于科研创新，促进科技成果产业化发展。学校与各地方政府战略合作关系紧密，在江苏省宿迁、大丰等多地与政府共同建立研究院，为破解科研难题、开展转化工作、促进地方经济建设贡献力量，并取得了显著的成效。

3. 加大科技成果转化政策激励，提高科研人员转化积极性

合理有效的收益分配机制能够激励科研人员进行科技创新，并且通过利益分享能够极大地提高科研人员参与科技成果转移转化的积极性。目前，多所高校积极探索职务科技成果赋权确权改革，加大了对科研人员从事科技成果转化的激励力度。

西南交通大学是最早开始赋权改革的高校，原则上，高校对于职务科技成果享有专利权，而西南交通大学在 2016 年通过出台《西南交通大学专利管

理规定》确定科研人员与学校可以按照 7∶3 的比例享有职务科技成果的专利权，从而实现了科研人员与学校共享专利权的情况，以产权激励的方式提高了科研人员从事成果转化的热情。

四川大学于 2016 年出台的《四川大学科技成果转化行动计划（试行）》明确提出了探索科技成果所有权混合所有制改革的要求，提出由学校确权工作小组对科技成果进行确权，确定科技成果权属比例，科研人员可享有 50% 至 90% 的所有权，从而与学校共同成为科技成果的所有权人。科研人员可依据其所有权份额享受权属收益，这极大地激发了科研人员的转化热情。据相关数字统计：从 2016 年至 2019 年，单凭确权后以投资入股方式进行转化的科技成果估值数额就有 6 亿多元，达到学校过去十年总和的十倍以上。[1]

4. 完善兼职创业制度规范，让科技人员兼职兼薪有章可循

根据我国《促进科技成果转化法》第 27 条[2]以及《实施〈中华人民共和国促进科技成果转化法〉若干规定》[3]的要求，国家鼓励高校科研人员到企业兼职或离岗创业从事有关科技成果转移转化的工作。相关数据统计显示，我国高校兼职从事科技成果转化以及离岗创业的科研人员数量在近几年呈现逐年递增的趋势。科技成果转移转化后，科技成果的技术支持和顺利产业化是科技成果转移转化成功与否的关键。许多高校在完成科技成果转化的基础上通过创设和参股新公司的方式强化成果转化后续相关操作，以提升成果转化成效。

例如，北京大学积极采取措施推动教师兼职兼薪。北京大学先后出台了多项科技成果转化相关规定办法，建立了学校内部的科技成果转化制度体系，

---

〔1〕 "四川大学不断探索促进科技成果转化新举措"，载 https://news.scu.edu.cn/info/1146/29388.htm，最后访问时间：2021 年 8 月 4 日。

〔2〕《促进科技成果转化法》第 27 条规定："国家鼓励研究开发机构、高等院校与企业及其他组织开展科技人员交流，根据专业特点、行业领域技术发展需要，聘请企业及其他组织的科技人员兼职从事教学和科研工作，支持本单位的科技人员到企业及其他组织从事科技成果转化活动。"

〔3〕《实施〈中华人民共和国促进科技成果转化法〉若干规定》要求，国家设立的研究开发机构、高等院校科技人员在履行岗位职责、完成本职工作的前提下，经征得单位同意，可以兼职到企业等从事科技成果转化活动，或者离岗创业，在原则上不超过 3 年时间内保留人事关系，从事科技成果转化活动。研究开发机构、高等院校应当建立制度规定或者与科技人员约定兼职、离岗从事科技成果转化活动期间和期满后的权利和义务。离岗创业期间，科技人员所承担的国家科技计划和基金项目原则上不得中止，确需中止的应当按照有关管理办法办理手续。积极推动逐步取消国家设立的研究开发机构、高等院校及其内设院系所等业务管理岗位的行政级别，建立符合科技创新规律的人事管理制度，促进科技成果转移转化。

并以校内规定的形式陆续发布了《北京大学教研系列教师校外兼职管理试行办法》《北京大学教师手册》以及《北京大学关于教师长期离岗的规定》，明确了全校各单位教师校外兼职审批备案制度。从制度上对教师的兼职兼薪进行了规范，并且建立了兼职备案审批工作机制，使学校能够通过该机制及时全面地了解和洞悉教师在企业兼职兼薪的实际情况，进一步引导和加强教师进行学科建设和人才培养，让教师的兼职兼薪有章可循，支持教师参与成果转化工作。

（二）北京部分高校科技成果转化内部规范实例分析

近年来，北京市高校进行的科技成果转化工作取得了较好成绩，从《中国科技成果转化年度报告2020（高等院校与科研院所篇）》公布的各地区科技成果转化的情况来看，北京市在2019年各地方辖区内的高校、科研院所中，以转让、许可、作价投资方式转化科技成果的合同金额排名位列前三。[1]在国家政策的引导与支持下，北京高校积极落实相关政策，不断加强科技成果转化内部行为规范的制定与实施，取得了一定的效果。笔者通过多种途径收集、整理了北京市部分高校涉及科技成果转移转化的内部规定，并对相关内容进行了分析。

1. 北京理工大学科技成果转化内部规范及主要内容

北京理工大学颁发《北京理工大学促进科技成果转化实施办法》和《北京理工大学科技成果转让、许可经费管理细则（暂行）》等相关内部规定。这些规定明确提出学校建立技术转移中心负责科技成果转化的组织与实施，作为科技成果转化的专门服务机构和归口管理部门。在产学研合作方面，规定技术转移中心组织相关单位及人员采取多种形式，进行科技成果遴选、论证，提出转化方案，通过路演、项目对接会、成果交易会等多种方式寻找与政府、企业、资本等方面的合作，以推动科技成果转移转化的实施。在收益分配方面，学校进行了细化的规定：对于以许可转让方式进行转化的，学校将净收入中的70%用于对相关科研人员的奖励，其余30%按1:1:1的比例分配至学院、技术转移中心和学校。在落实科研人员人事管理制度和兼职创业方面，明确规定教学科研人员在满足条件的情况下，可以从事有关成果转化

---

〔1〕中国科技评估与成果管理研究会、国家科技评估中心、中国科学技术信息研究所编著：《中国科技成果转化年度报告2020（高等院校与科研院所篇）》，科学技术文献出版社2021年版，第39页。

的兼职岗位或者离岗创业，离岗创业期间保留人事关系不超过三年。

2. 北方工业大学科技成果转化内部规范及主要内容

北方工业大学发布《北方工业大学促进科技成果转化实施办法》《北方工业大学离岗创业人员管理实施细则（试行）》以及《北方工业大学科技成果使用、处置和收入管理办法（试行）》等内部规范促进科技成果转移转化工作的开展。在科技成果机构设置方面，规定应设立科技成果转化领导小组，全面负责学校科技成果转化和知识产权管理工作，负责学校科技成果转化重大事项的决策。明确由科技成果转化中心负责学校科技成果转化的组织实施，负责落实科技成果转化领导小组的各项具体工作要求。在收益分配方面，规定学校将以技术转让或许可方式进行转化的科技成果划分为由教师个人对接完成的科技成果转化项目和学校统筹对接完成的科技成果转化项目两类，其中前者按照9:1的比例将收益分配给成果完成人和学校，后者按照3:1的比例进行分配。在兼职创业方面，学校通过专门的实施细则予以规范，明确离岗创业人员是指拥有科技成果并经学校同意离岗创业从事转化工作的事业编制人员。离岗创业期限最长为三年，三年内可随时申请回校工作，学校根据学校岗位安排工作。

3. 首都师范大学科技成果转化内部规范及主要内容

首都师范大学发布《首都师范大学科技成果转化管理办法（试行）》对校内科技成果转化工作进行规范。在技术机构设置方面，规定学校对科技成果转化实行统一管理，构建科技成果管理、转化、服务紧密结合的一体化工作体系。涉及科技成果转化的相关政策应由学校财经资产管理委员会负责制定。科技成果的转化前的培育、开发、研究科研工作由学校科技处、社科处负责；国资处负责科技成果转化的登记申请、成果评估、成果转化审批、报批报备等工作；具体科技成果的转移转化由学校科技园负责开展。该管理办法第12条规定，学校应探索设立专门的科研成果转移转化机构，代表学校行使有关职能。在收益分配方面，规定对于以转让、许可他人实施的科技成果，学校从转让或许可所获净收益中提取70%的比例奖励给科技成果完成人，其余比例分配至学校和二级单位，主要用于支持科学研究及科技成果转化等工作。在政策保障方面，规定学校逐步将科研成果转化列入对各单位的考核指标，建立健全符合成果转化工作特点的职称评定、岗位管理和考核评价制度，完善收入分配激励约束机制。

二、高校科技成果转化内部规范存在的问题分析

我国高校科技成果转化工作在国家的支持与领导下采取了一系列切实有效的举措，使得科技成果转化取得了显著的成绩，使得大量有价值的科技成果走向市场，在一定程度上促进了我国市场经济的发展。我国高校虽然每年都有数万项科技成果产出，但是这些科技成果转化的项目数量少，转化率仍明显处于较低水平。形成此种状况的原因是多方面的，其中高校科技成果内部规范机制不健全也是原因之一。目前，在高校科技成果内部管理方面，主要存在以下几个方面的问题；

（一）专业化组织机构不健全，专业人员缺乏

为了有效服务科技成果高效率转化，部分高校结合多年来科技成果转移转化过程中积累的经验，建立了符合自身特点、能满足科技成果转移转化需求的技术转移机构。但从整体上看，在《中国科技成果转化年度报告 2019（高等院校与科研院所篇）》统计的 1243 家高校中，设立专门从事科技成果转移工作负责机构的有 374 家，占高校总数的 30.1%。可见，设立专门从事科技成果转移负责机构的高校数量不多，比例不足 1/3。[1]《中国科技成果转化年度报告 2020（高等院校与科研院所篇）》统计的 1378 家高校中，466 家高校自建了技术转移机构，占总体的 33.8%。[2]其他高校主要由科技管理部门（如科研处、科技处等）负责科技成果转移转化工作。由此可见，各高校中专门从事科技成果转移转化的机构较为缺乏。

高校科技成果转化离不开专业机构的支撑，专门的转化机构是高校科技成果转化的重要一环，而我国设立专门机构从事科技成果转化的高校数量较少，且大部分高校只是将转化工作交给其他部门来负责，专业化程度欠佳。况且，科技成果转化需要经过一个复杂的流程才能完成，需要多方主体的共同协作与配合，转化过程极具专业化，往往需要涉及很多专业领域，例如法律、市场、投资、管理、产业、谈判和外语等。国内高校虽然拥有专门从事转化工作的机构，但机构中的工作人员的专业化水平普遍不强。因此，高校

---

〔1〕　中国科技评估与成果管理研究会、国家科技评估中心、中国科学技术信息研究所编著：《中国科技成果转化年度报告 2019（高等院校与科研院所篇）》，科学技术文献出版社 2020 年版，第 191 页。
〔2〕　中国科技评估与成果管理研究会、国家科技评估中心、中国科学技术信息研究所编著：《中国科技成果转化年度报告 2020（高等院校与科研院所篇）》，科学技术文献出版社 2021 年版，第 218 页。

需要专门从事科技成果转化的负责机构，而且需要配备一支有专业化背景、既懂市场又懂管理的复合型人才队伍。缺少专业化机构与复合型人才队伍使得我国高校在科技成果转化中面对专业性较强的问题时往往无从下手，整体的服务水平和服务质量不高，这也是导致我国高校科技成果转化水平较低的一大原因。

（二）高校科研管理机制不完善

目前，我国高校在科研管理方面仍然受到传统科研体制的限制，在高校科研管理程序方面仍然是先进行项目申报，而后立项，项目获批后进行相应的科学研究，完成研究后以文章和论文的发表或专利申请等方式结题，然后报请相关部门进行鉴定以及后续评奖等。在教师职称评定过程中，往往以发表论文数量、获得项目数量或获奖受表彰作为教职人员职称晋升或岗位聘任的依据，而非将科技成果转化作为评聘标准。在科研管理中，没有对科技成果转化率进行绩效评价，这在很大程度上降低了科研工作者对于科技成果转化工作的积极性。据了解，有些高校"四唯"[1]问题仍然存在，部分科研工作者重基础研究、轻应用研究，重论文、轻成果转化，对市场情况和企业需求不做过多了解，转化动力有待提升。2020年，国家出台了一系列政策，如科技部印发《关于破除科技评价中"唯论文"不良导向的若干措施（试行）》，教育部、科技部印发《关于规范高等学校SCI论文相关指标使用 树立正确评价导向的若干意见》，这些文件为深化高校科技评价机制改革指出了方向，对建立科学合理的评价机制，促进高校科技成果转化具有积极的意义。规定需要落实，高校如何通过内部规范确立和有效实现其中的精神，也是目前面临的需要解决的现实问题。

（三）高校与企业协同创新机制不完善，参与主体间信息不对称

高校科技成果转化是一个复杂的过程，需要企业和高校在转化工作中协调合作，充分沟通交流。高校与企业之间协同创新机制不完善、合作不紧密以及交流沟通不畅，是当前我国高校科技成果转化工作不理想的一大影响因素。高校科研单位和科研人员为了开展科研项目合作并筹集科研经费，亟须以产学研的方式寻找合作对象进行开发研究。企业通过开发利用高科技含量的新产品，提高市场竞争力，往往需要引进和发展高新技术。但是，由于我

---

〔1〕 四唯现象，为饱受诟病但又难以革除的"唯论文、唯职称、唯学历、唯奖项"的现象。

国技术市场成熟度不高，相应的科技成果转化中介组织无法提供完善、健全的信息服务。虽然部分高校建设了科技成果转化信息共享服务平台，但作用有限。目前仍然缺乏既能筛选高质量科技成果，又能同企业真实需求进行精准对接的科技成果转化服务平台。这种状况在一定程度上导致了高校和企业之间的双向信息沟通交流不畅，造成信息不对等，从而影响了高校科研成果向现实生产力的有效转化。

三、完善高校科技成果转化内部行为规范的对策建议

（一）落实相关政策，建立专业化科技成果转化机构、培养专业化复合型人才

科技成果转化是需要各方协同的系统性工作，需要专业化的科技成果转化机构和专业化科技成果转化人才。目前，我国一些高校成立了适合自身特点的技术转移机构，科技成果转移转化不断趋向专业化；高校与企业共建的转移机构和服务平台的数量也不断增加，逐步发挥出吸纳聚合各方资源助力科技成果转移转化的效应。但从总体上看，我国仍有一定比例的高校没有专门的科技成果转化机构，缺少专业人员从事相应工作。为落实 2020 年 5 月科技部、教育部发布的《关于进一步推进高等学校专业化技术转移机构建设发展的实施意见》，高校应当通过出台相应内部规范的形式，完善涉及专业转化机构建设方面的管理实施体系，推动加强技术转移机构建设，提升自身科技成果转移转化实力。

在高校科技成果转化方面，国外有比较成熟的经验，如美国很多大学都在校内设立了促进科技成果转化的专门机构，即技术许可办公室或技术转移办公室。技术许可办公室模式由斯坦福大学首创，现为美国大学普遍接受，这种机制为科技成果转化工作提供了非常专业化的商业指导，有力地促进了高校科技成果的转化。在我国高校科技成果转化管理中，不断扩充专业机构的数量，充分发挥专业机构以及大学科技园等机构的作用，使其在参与主体间发挥纽带和桥梁作用，对进一步提高科技成果转化率具有积极的意义。另外，科技成果转化人才的配备和培养也是非常重要的一环，高校科技成果转化需要大批专业化、能力强、有素养的复合型人才，懂技术并深谙市场运营操作的专业人才，是促进高校科技成果转化的推动力。

（二）深化科研人才评价制度改革，转化科研激励机制

传统的科研评价制度以及重学术、重数量、轻应用、轻转化的考核评价机制使得高校取得了较多的学术科研成果，但实际上高校将成果进行产业化的比例很小，这种状况遏制了高校科技成果转化的进程，造成了科技与经济发展的不协调。因此，深化科研评价制度改革，使科研人员科技成果转化业绩成为教师业绩考核的重要内容具有重要的意义。一方面，要建立科学、合理的科研评价导向，通过出台内部规范的形式细化科技成果转化从业人员考核晋升细则，不断提高对科技成果质量、转化贡献和转化绩效的要求。另一方面，应让科研工作者的工作重心向科技成果转化方向转变，让高校把科研管理的重点转向科技成果转化，并以此为基础完善高校的科研管理和评价体系。我国高校科技成果的评价要权衡理论研究、应用研究以及科技成果转化等多个环节，既要重视学术价值，也要重视其原创性以及是否可实现产业化等问题。打破现有评价体系的弊端，将立项数量、论文数量以及科技成果转化率等综合起来，作为考核评价的标准体系。同时，要建立公平公正的评价标准，不断提高科研工作者从事科技转化工作的积极性。

另外，要全面落实科技成果转化的激励机制，有效激发和调动科技人员进行转化的积极性。高校应根据国家政策、法律制定具体的科技成果转移转化收入分配和股权激励方案，明确对科技成果完成人、院系以及为科技成果转移转化作出重要贡献的人员、技术转移机构等相关各方的奖励和股权奖励措施，在成果转化产生效益认定、具体奖励比例等方面制定相关细则，激发相关人员进行转化的积极性，达到更大程度上促进科技成果产业化的目的。

总之，通过完善校内科技成果转化工作机制，制定出台相关内部规范性文件，扩大科技成果转化绩效作为科研人员的考评权重，通过政策制定对从事科技成果转移转化工作的人员进行合理激励，对促进高校科技成果转化具有重要的现实意义。深化科研人员评价制度和转化激励机制改革，可以切实履行高校科研服务社会、促进经济增长的责任与义务，有效激发科研工作者的市场意识和从事科技成果转化工作的热情，也有助于科技成果的推广和科技成果向产品化、商品化、产业化的方向发展。

（三）优化科技成果转化平台建设，为科技成果转化提供有力支持

完善高校政策措施，让科技成果的持有方和需求方有效对接，创新传统

产学研合作模式，探索建立符合高校自身特点的科技成果转化产学研合作体系，推动建立成果挖掘与对接精准的成果转化信息平台，是目前需要解决的重点问题。首先，高校要积极落实转移平台建设方面的政策规定，积极推动与企业的合作协同创新，通过打造成果转化示范区、成果转化基地等形式，促进校企间交流沟通与人才的交流合作。支持企业牵头组建创新联合体，联合高校共同建立研发基地、联合实验室、协同创新中心等校企联合研发平台。[1]其次，高校要依托校内科技园、孵化器、众创空间等机构积极部署科研创新行动，并通过校内规范的形式予以实践和管理。此外，在科技成果转化的过程中，高校与企业之间的交流沟通也十分重要。企业作为科技成果的需求方，是促进科技成果转化的动力源头，因此高校在科技成果转化的各个阶段都应尽可能与企业合作，让企业更多地参与科研创新的上游，使双向信息更加对称，以增加科技成果转化的稳定性和合理性，达到全方位的产学研合作的目的。在科技成果转化平台的建设中，应侧重高校与企业的信息交流，充分汇聚各类涉及成果转化的信息资源进行开放共享，进而不断提高科技成果转化的成功率。

附录　本章研究内容涉及的立法规定汇总

表 5-1　"高校内部技术机构建设"的主要规定

序号	法律（法规）名称	颁布机关及时间	具体规定
1	促进科技成果转化法	全国人民代表大会常务委员会2015年	第十七条第二款　国家设立的研究开发机构、高等院校应当加强对科技成果转化的管理、组织和协调，促进科技成果转化队伍建设，优化科技成果转化流程，通过本单位负责技术转移工作的机构或者委托独立的科技成果转化服务机构开展技术转移。

---

[1]　中国科技评估与成果管理研究会、国家科技评估中心、中国科学技术信息研究所编著：《中国科技成果转化年度报告 2020（高等院校与科研院所篇）》，科学技术文献出版社 2021 年版，第 25 页。

序号	法律（法规）名称	颁布机关及时间	具体规定
2	实施《中华人民共和国促进科技成果转化法》若干规定	国务院 2016 年	一、促进研究开发机构、高等院校技术转移 （二）国家设立的研究开发机构、高等院校应当建立健全技术转移工作体系和机制，完善科技成果转移转化的管理制度，明确科技成果转化各项工作的责任主体，建立健全科技成果转化重大事项领导班子集体决策制度，加强专业化科技成果转化队伍建设，优化科技成果转化流程，通过本单位负责技术转移工作的机构或者委托独立的科技成果转化服务机构开展技术转移。鼓励研究开发机构、高等院校在不增加编制的前提下建设专业化技术转移机构。 国家设立的研究开发机构、高等院校转化科技成果所获得的收入全部留归单位，纳入单位预算，不上缴国库，扣除对完成和转化职务科技成果作出重要贡献人员的奖励和报酬后，应当主要用于科学技术研发与成果转化等相关工作，并对技术转移机构的运行和发展给予保障。
3	促进科技成果转移转化行动方案	国务院办公厅 2016 年	一、总体思路 （二）主要目标。 "十三五"期间，推动一批短中期见效、有力带动产业结构优化升级的重大科技成果转化应用，企业、高校和科研院所科技成果转移转化能力显著提高，市场化的技术交易服务体系进一步健全，科技型创新创业蓬勃发展，专业化技术转移人才队伍发展壮大，多元化的科技成果转移转化投入渠道日益完善，科技成果转移转化的制度环境更加优化，功能完善、运行高效、市场化的科技成果转移转化体系全面建成…… 二、重点任务 （六）建设科技成果转移转化人才队伍。 19.开展技术转移人才培养。充分发挥各类创新人才培养示范基地作用，依托有条件的地方和机构建设一批技术转移人才培养基地。推动有条件的高校设立科技成果转化相关课程，打造一支高水平的师资队伍。加快培养科技成果转移转化领军人才，纳入各类创新创业人才引进培养计划。推动建设专业化技术经纪人队伍，

序号	法律（法规）名称	颁布机关及时间	具体规定
			畅通职业发展通道。鼓励和规范高校、科研院所、企业中符合条件的科技人员从事技术转移工作。与国际技术转移组织联合培养国际化技术转移人才。
4	关于进一步推进高等学校专业化技术转移机构建设发展的实施意见	科技部、教育部 2020 年	二、重点任务 （一）建立技术转移机构。 高校专业化技术转移机构（以下简称技术转移机构）是为高校科技成果转移转化活动提供全链条、综合性服务的专业机构。在不增加本校编制的前提下，高校可设立技术转移办公室、技术转移中心等内设机构，或者联合地方、企业设立的从事技术开发、技术转移、中试熟化的独立机构，以及设立高校全资拥有的技术转移公司、知识产权管理公司等方式建立技术转移机构。 （二）明确成果转化职能。 在符合国家科技成果权属相关法律和政策前提下，高校赋予技术转移机构管理和转化（转让、许可、作价投资）科技成果（包括知识产权）的权利，授权技术转移机构代表高校和科研人员与需求方进行科技成果转移转化谈判。高校在有关制度中规定或通过订立协议约定高校、科研人员、技术转移机构各自的权利、义务和责任，按照服务质量、转化绩效确定技术转移机构的收益分配方式及比例。高校可以聘请社会化技术转移机构协助其开展科技成果转移转化工作。 （三）建立专业人员队伍。 技术转移机构要建立高水平、专业化的人员队伍，其中接受过专业化教育培训的技术经理人、技术经纪人比例不低于70%，并具备技术开发、法律财务、企业管理、商业谈判等方面的复合型专业知识和服务能力。高校要支持专业化技术转移机构人员队伍选派、招聘等工作，鼓励有条件的高校开设科技成果转移转化相关课程，开展技术转移专业学历教育，加速高层次技术转移人才培养。

序号	法律（法规）名称	颁布机关及时间	具体规定
			（四）完善机构运行机制。 技术转移机构要制定市场化的运行机制和标准化管理规范，建立技术转移全流程的管理标准和内部风险防控制度，鼓励建立质量管理体系。高校建立技术转移机构绩效评价办法，依法依规确定技术转移机构从事成果转移转化的服务收益，建立技术转移从业人员评价激励机制，畅通职务晋升和职称评审通道。科技成果作价投资的激励比例由各方协商确定。 （五）提升专业服务能力。 技术转移机构应具备政策法规运用、前沿技术判断、知识产权管理、科技成果评价、市场调研分析、法律协议谈判等基本能力，逐步形成概念验证、科技金融、企业管理、中试熟化等服务能力。鼓励专业技术转移机构早期介入科研团队研发活动，为科研人员知识产权管理、运用和成果转移转化提供全面和完善的服务。 （六）加强管理监督。 高校要加强对科技成果转移转化、知识产权管理等工作的统一领导。制定成果转移转化管理办法，理顺成果转移转化全链条的管理机制和规范流程，健全职务科技成果披露制度、专利申请前评估制度和转化公示制度，健全面向转化应用的科技成果评价机制，建立内部风险防范和监督制度，落实成果转化尽职免责的有关规定。
5	关于提升高等学校专利质量促进转化运用的若干意见	教育部、国家知识产权局、科技部2020年	二、重点任务 （三）加强专业化机构和人才队伍建设 6. 加强技术转移与知识产权运营机构建设。支持有条件的高校建立健全集技术转移与知识产权管理运营为一体的专门机构，在人员、场地、经费等方面予以保障，通过"国家知识产权试点示范高校""高校科技成果转化和技术转移基地""高校国家知识产权信息服务中心"等平台和试点示范建设，促进技术转移与知识产权管理运营体系建设，不断提升高校科技成果转移转化能力。鼓励各高校探索市场化运营机制，充分调动专业机构和人才的积极性。

序号	法律（法规）名称	颁布机关及时间	具体规定
			支持市场化知识产权运营机构建设，为高校提供知识产权、法律咨询、成果评价、项目融资等专业服务。鼓励高校与第三方知识产权运营服务平台或机构合作，并从科技成果转移转化收益中给予第三方专业机构中介服务费。鼓励高校与地方结合，围绕各地产业规划布局和高校学科优势，设立行业性的知识产权运营中心。 7. 加快专业化人才队伍建设。支持高校设立技术转移及知识产权运营相关课程，加强知识产权相关专业、学科建设，引育结合打造知识产权管理与技术转移的专业人才队伍，推动专业化人才队伍建设。鼓励高校组建科技成果转移转化工作专家委员会，引入技术经理人全程参与高校发明披露、价值评估、专利申请与维护、技术推广、对接谈判等科技成果转移转化的全过程，促进专利转化运用。
6	促进高等学校科技成果转移转化行动计划	教育部办公厅2016年	一、总体要求 （三）主要目标 围绕科技成果转移转化难点问题和薄弱环节，加强高校顶层设计与校内协同，建立适合高校特点的科技成果转移转化体制机制，培养一批复合型科技成果转移转化专业人才，建设一批专业化服务机构，拓宽科技成果转移转化渠道，促进产业技术创新联盟及科技成果转移转化平台建设；采用兼顾市场化运营手段的多种转移转化模式，支持创新创业，激发科技人员从事产学研及科技成果转移转化积极性，提高科研质量和科技成果转移转化效益。"十三五"期间，以企业技术需求为导向，依托高校人才、科技优势，推动一批能支撑经济转型升级、带动产业结构调整的重大科技成果转化应用，显著提升高校科技成果转移转化能力。 二、重点任务 （二）创新服务模式，形成技术转移服务体系 6. 加强技术转移机构建设。整合校内各类技术转移、转化机构，促进高校技术转移机构与市场化第三方技术转移机构在信息、人才、孵

续表

序号	法律（法规）名称	颁布机关及时间	具体规定
			化空间、技术转移平台载体等方面的共享、共建力度，形成集对接市场需求、促进成果交易、投融资服务等为一体的科技成果转转化服务体系。与地方政府、大型企业共建技术转移机构，积极创建国家技术转移示范机构。
7	关于加强高等学校科技成果转移转化工作的若干意见	教育部、科技部 2016年	三、建立健全科技成果转移转化工作机制。高校要加强对科技成果转移转化的管理、组织和协调，成立科技成果转移转化工作领导小组，建立科技成果转移转化重大事项领导班子集体决策制度；统筹成果管理、技术转移、资产经营管理、法律等事务，建立成果转移转化管理平台；明确科技成果转移转化管理机构和职能，落实科技成果报告、知识产权保护、资产经营管理等工作的责任主体，优化并公示科技成果转移转化工作流程…… 四、加强科技成果转移转化能力建设。鼓励高校在不增加编制的前提下建立负责科技成果转移转化工作的专业化机构或者委托独立的科技成果转移转化服务机构开展科技成果转化，通过培训、市场聘任等多种方式建立成果转化职业经理人队伍。发挥大学科技园、区域（专业）研究院、行业组织在成果转移转化中的集聚辐射和带动作用，依托其构建技术交易、投融资等支撑服务平台，开展技术开发和市场需求对接、科技成果和风险投资对接，形成市场化的科技成果转移转化运营体系，培育打造运行机制灵活、专业人才集聚、服务能力突出的国家技术转移机构。高校要充分利用各级政府建立的科技成果信息平台，加强成果的宣传和展览展示；鼓励科研人员面向企业开展技术开发、技术咨询和技术服务等横向合作，与企业联合实施科技成果转化。
8	国家技术转移体系建设方案	国务院 2017年	二、优化国家技术转移体系基础架构 （七）发展技术转移机构。 ……加强高校、科研院所技术转移机构建设。鼓励高校、科研院所在不增加编制的前提下建设专业化技术转移机构，加强科技成果的市场

序号	法律（法规）名称	颁布机关及时间	具体规定
			开拓、营销推广、售后服务。创新高校、科研院所技术转移管理和运营机制，建立职务发明披露制度，实行技术经理人聘用制，明确利益分配机制，引导专业人员从事技术转移服务…… （八）壮大专业化技术转移人才队伍。 完善多层次的技术转移人才发展机制。加强技术转移管理人员、技术经纪人、技术经理人等人才队伍建设，畅通职业发展和职称晋升通道。支持和鼓励高校、科研院所设置专职从事技术转移工作的创新型岗位，绩效工资分配应当向作出突出贡献的技术转移人员倾斜。鼓励退休专业技术人员从事技术转移服务。统筹适度运用政策引导和市场激励，更多通过市场收益回报科研人员，多渠道鼓励科研人员从事技术转移活动。加强对研发和转化高精尖、国防等科技成果相关人员的政策支持。 加强技术转移人才培养。发挥企业、高校、科研院所等作用，通过项目、基地、教学合作等多种载体和形式吸引海外高层次技术转移人才和团队。鼓励有条件的高校设立技术转移相关学科或专业，与企业、科研院所、科技社团等建立联合培养机制。将高层次技术转移人才纳入国家和地方高层次人才特殊支持计划。

表5-2　"技术转移平台建设"的主要规定

序号	法律（法规）名称	颁布机关及时间	具体规定
1	促进科技成果转化法	全国人民代表大会常务委员会2015年	第二十六条第一款　国家鼓励企业与研究开发机构、高等院校及其他组织采取联合建立研究开发平台、技术转移机构或者技术创新联盟等产学研合作方式，共同开展研究开发、成果应用与推广、标准研究与制定等活动。 第三十条第一款　国家培育和发展技术市场，鼓励创办科技中介服务机构，为技术交易提供交易场所、信息平台以及信息检索、加工与分析、评估、经纪等服务。 第三十一条　国家支持根据产业和区域发展需

序号	法律（法规）名称	颁布机关及时间	具体规定
			要建设公共研究开发平台，为科技成果转化提供技术集成、共性技术研究开发、中间试验和工业性试验、科技成果系统化和工程化开发、技术推广与示范等服务。
2	促进科技成果转移转化行动方案	国务院办公厅2016年	二、重点任务 围绕科技成果转移转化的关键问题和薄弱环节，加强系统部署，抓好措施落实，形成以企业技术创新需求为导向、以市场化交易平台为载体、以专业化服务机构为支撑的科技成果转移转化新格局。 （一）开展科技成果信息汇交与发布。 2. 建立国家科技成果信息系统。制定科技成果信息采集、加工与服务规范，推动中央和地方各类科技计划、科技奖励成果存量与增量数据资源互联互通，构建由财政资金支持产生的科技成果转化项目库与数据服务平台。完善科技成果信息共享机制，在不泄露国家秘密和商业秘密的前提下，向社会公布科技成果和相关知识产权信息，提供科技成果信息查询、筛选等公益服务。 3. 加强科技成果信息汇交。建立健全各地方、各部门科技成果信息汇交工作机制，推广科技成果在线登记汇交系统，畅通科技成果信息收集渠道。加强科技成果管理与科技计划项目管理的有机衔接，明确由财政资金设立的应用类科技项目承担单位的科技成果转化义务，开展应用类科技项目成果以及基础研究中具有应用前景的科研项目成果信息汇交。鼓励非财政资金资助的科技成果进行信息汇交。 （四）强化科技成果转移转化市场化服务。 12. 构建国家技术交易网络平台。以"互联网+"科技成果转移转化为核心，以需求为导向，连接技术转移服务机构、投融资机构、高校、科研院所和企业等，集聚成果、资金、人才、服务、政策等各类创新要素，打造线上与线下相结合的国家技术交易网络平台。平台依托专业

序号	法律（法规）名称	颁布机关及时间	具体规定
			机构开展市场化运作，坚持开放共享的运营理念，支持各类服务机构提供信息发布、融资并购、公开挂牌、竞价拍卖、咨询辅导等专业化服务，形成主体活跃、要素齐备、机制灵活的创新服务网络。引导高校、科研院所、国有企业的科技成果挂牌交易与公示
3	促进高等学校科技成果转移转化行动计划	教育部办公厅 2016 年	二、重点任务 （三）加强平台建设，服务国家发展战略实施 8. 推动区域行业联盟载体建设。推动高校与行业、领域上下游科研院所、企业联合建立产业技术创新联盟，推动区域科技成果转移转化联盟建设，支持联盟承担重大科技研发与转化项目。 9. 推动科技成果转化基地建设。结合学校学科特色优势，优化大学科技园、高校区域（行业）研究院等创新载体的空间布局，围绕一带一路、京津冀、长江经济带、粤港澳等重点区域的产业规划需求建设一批创新研究基地。以创新性企业、高新技术企业、科技型中小企业为重点，共同建立科技成果转化基地，承担流程改造、工艺革新、产品升级等研究任务，开展成果应用与推广、标准研究与制定等工作。 （六）开展项目筛选，挖掘科技成果转化潜力 16. 加强科技成果展示与推广。加强与各级政府的信息共享力度，推动高校积极参与科技成果交易、展示活动；面向产业和地方开展技术攻关、技术转移与示范、知识产权运营等增值服务。结合"中国技术供需在线"建设运营工作，推进建立产学双方交流的公共服务平台；围绕传统产业转型升级、国家战略性新兴产业发展需求，通过举办中国高校科技成果交易会，建设高校科技成果项目库等大数据中心，发布具有自有知识产权的先进实用技术，构建线上信息服务与线下实体服务相结合的高校科技成果转移转化服务网络和服务体系。 （七）产学研用结合，促进创新资源开放共享

续表

序号	法律（法规）名称	颁布机关及时间	具体规定
			19. 加强高校创新资源开放共享。构建高校仪器设备开放共享平台，完善向社会开放科研设施和大型仪器设备的管理运行机制，为创新创业群体开放科技数据、论文等创新资源，提供科技成果相关信息。
4	关于加强高等学校科技成果转移转化工作的若干意见	教育部、科技部 2016 年	三、建立健全科技成果转移转化工作机制。高校要加强对科技成果转移转化的管理、组织和协调，成立科技成果转移转化工作领导小组，建立科技成果转移转化重大事项领导班子集体决策制度；统筹成果管理、技术转移、资产经营管理、法律等事务，建立成果转移转化管理平台；明确科技成果转移转化管理机构和职能，落实科技成果报告、知识产权保护、资产经营管理等工作的责任主体，优化并公示科技成果转移转化工作流程……四、加强科技成果转移转化能力建设。鼓励高校在不增加编制的前提下建立负责科技成果转移转化工作的专业化机构或者委托独立的科技成果转移转化服务机构开展科技成果转化，通过培训、市场聘任等多种方式建立成果转化职业经理人队伍。发挥大学科技园、区域（专业）研究院、行业组织在成果转移转化中的集聚辐射和带动作用，依托其构建技术交易、投融资等支撑服务平台，开展技术开发和市场需求对接、科技成果和风险投资对接，形成市场化的科技成果转移转化运营体系，培育打造运行机制灵活、专业人才集聚、服务能力突出的国家技术转移机构。高校要充分利用各级政府建立的科技成果信息平台，加强成果的宣传和展览展示；鼓励科研人员面向企业开展技术开发、技术咨询和技术服务等横向合作，与企业联合实施科技成果转化。
5	国家技术转移体系建设方案	国务院 2017 年	二、优化国家技术转移体系基础架构 (六) 建设统一开放的技术市场。构建互联互通的全国技术交易网络。依托现有的枢纽型技术交易网络平台，通过互联网技术手段连接技术转移机构、投融资机构和各类创

序号	法律（法规）名称	颁布机关及时间	具体规定
			新主体等，集聚成果、资金、人才、服务、政策等创新要素，开展线上线下相结合的技术交易活动。 加快发展技术市场。培育发展若干功能完善、辐射作用强的全国性技术交易市场，健全与全国技术交易网络联通的区域性、行业性技术交易市场。推动技术市场与资本市场联动融合，拓宽各类资本参与技术转移投资、流转和退出的渠道。 提升技术转移服务水平。制定技术转移服务规范，完善符合科技成果交易特点的市场化定价机制，明确科技成果拍卖、在技术交易市场挂牌交易、协议成交信息公示等操作流程。建立健全技术转移服务业专项统计制度，完善技术合同认定规则与登记管理办法。 四、完善政策环境和支撑保障 （十七）强化信息共享和精准对接。 建立国家科技成果信息服务平台，整合现有科技成果信息资源，推动财政科技计划、科技奖励成果信息统一汇交、开放、共享和利用。以需求为导向，鼓励各类机构通过技术交易市场等渠道发布科技成果供需信息，利用大数据、云计算等技术开展科技成果信息深度挖掘。建立重点领域科技成果包发布机制，开展科技成果展示与路演活动，促进技术、专家和企业精准对接。
6	关于推动创新创业高质量发展打造"双创"升级版的意见	国务院2018年	二、着力促进创新创业环境升级 （五）优化服务便利创新创业。加快建立全国一体化政务服务平台，建立完善国家数据共享交换平台体系，推行数据共享责任清单制度，推动数据共享应用典型案例经验复制推广……

表5-3 "产学研合作"的主要规定

序号	法律（法规）名称	颁布机关及时间	具体规定
1	促进科技成果转化法	全国人民代表大会常务委员会 2015年	第十七条第一款 国家鼓励研究开发机构、高等院校采取转让、许可或者作价投资等方式，向企业或者其他组织转移科技成果。 第十八条 国家设立的研究开发机构、高等院校对其持有的科技成果，可以自主决定转让、许可或者作价投资，但应当通过协议定价、在技术交易市场挂牌交易、拍卖等方式确定价格。通过协议定价的，应当在本单位公示科技成果名称和拟交易价格。 第二十四条 对利用财政资金设立的具有市场应用前景、产业目标明确的科技项目，政府有关部门、管理机构应当发挥企业在研究开发方向选择、项目实施和成果应用中的主导作用，鼓励企业、研究开发机构、高等院校及其他组织共同实施。 第二十五条 国家鼓励研究开发机构、高等院校与企业相结合，联合实施科技成果转化。 研究开发机构、高等院校可以参与政府有关部门或者企业实施科技成果转化的招标投标活动。 第二十六条第一款 国家鼓励企业与研究开发机构、高等院校及其他组织采取联合建立研究开发平台、技术转移机构或者技术创新联盟等产学研合作方式，共同开展研究开发、成果应用与推广、标准研究与制定等活动。 第二十七条 国家鼓励研究开发机构、高等院校与企业及其他组织开展科技人员交流，根据专业特点、行业领域技术发展需要，聘请企业及其他组织的科技人员兼职从事教学和科研工作，支持本单位的科技人员到企业及其他组织从事科技成果转化活动。 第二十八条 国家支持企业与研究开发机构、高等院校、职业院校及培训机构联合建立学生实习实践培训基地和研究生科研实践工作机构，共同培养专业技术人才和高技能人才。
2	实施《中华人民共和国促进	国务院 2016年	一、促进研究开发机构、高等院校技术转移 （一）国家鼓励研究开发机构、高等院校通过转

序号	法律（法规）名称	颁布机关及时间	具体规定
2	（接上页）科技成果转化法》若干规定		让、许可或者作价投资等方式，向企业或者其他组织转移科技成果。国家设立的研究开发机构和高等院校应当采取措施，优先向中小微企业转移科技成果，为大众创业、万众创新提供技术供给。 国家设立的研究开发机构、高等院校对其持有的科技成果，可以自主决定转让、许可或者作价投资，除涉及国家秘密、国家安全外，不需审批或者备案。 国家设立的研究开发机构、高等院校有权依法以持有的科技成果作价入股确认股权和出资比例，并通过发起人协议、投资协议或者公司章程等形式对科技成果的权属、作价、折股数量或者出资比例等事项明确约定，明晰产权。
3	促进科技成果转移转化行动方案	国务院办公厅2016 年	二、重点任务 （二）产学研协同开展科技成果转移转化。 6. 支持高校和科研院所开展科技成果转移转化。组织高校和科研院所梳理科技成果资源，发布科技成果目录，建立面向企业的技术服务站点网络，推动科技成果与产业、企业需求有效对接，通过研发合作、技术转让、技术许可、作价投资等多种形式，实现科技成果市场价值。依托中国科学院的科研院所体系实施科技服务网络计划，围绕产业和地方需求开展技术攻关、技术转移与示范、知识产权运营等。鼓励医疗机构、医学研究单位等构建协同研究网络，加强临床指南和规范制定工作，加快新技术、新产品应用推广。引导有条件的高校和科研院所建立健全专业化科技成果转移转化机构，明确统筹科技成果转移转化与知识产权管理的职责，加强市场化运营能力。在部分高校和科研院所试点探索科技成果转移转化的有效机制与模式，建立职务科技成果披露与管理制度，实行技术经理人市场化聘用制，建设一批运营机制灵活、专业人才集聚、服务能力突出、具有国际影响力的国家技术转移机构。

序号	法律（法规）名称	颁布机关及时间	具体规定
4	促进高等学校科技成果转移转化行动计划	教育部办公厅 2016 年	一、总体要求 （二）基本原则 ——发挥市场作用，强化产学研用结合。加强产学研合作力度，建立科技成果协同创新机制，完善科技成果转移转化市场需求导向，畅通创新链、产业链和资金链。 （三）主要目标 围绕科技成果转移转化难点问题和薄弱环节，加强高校顶层设计与校内协同，建立适合高校特点的科技成果转移转化体制机制，培养一批复合型科技成果转移转化专业人才，建设一批专业化服务机构，拓宽科技成果转移转化渠道，促进产业技术创新联盟及科技成果转移转化平台建设；采用兼顾市场化运营手段的多种转移转化模式，支持创新创业，激发科技人员从事产学研及科技成果转移转化积极性，提高科研质量和科技成果转移转化效益。"十三五"期间，以企业技术需求为导向，依托高校人才、科技优势，推动一批能支撑经济转型升级，带动产业结构调整的重大科技成果转化应用，显著提升高校科技成果转移转化能力。 二、重点任务 （五）实施专项计划，促进科技成果转移扩散 13. 推进实施"蓝火计划"。建立校地产学研合作长效机制，结合国家、地方的产业规划，在重点区域分片建设高校科技成果转化中心；针对行业、产业共性技术问题和社会公益等需求，以博士生工作团、科技特派员、科技镇长团、科技专家企业行、企业专家（院士）工作站等多种形式，与地方、企业、园区等开展产学研对接。 14. 组织实施"海桥计划"。争取建立中美、中英等中外大学技术转移与创新合作对话机制，构建高校国际技术转移协作网络和国际先进产业技术创新合作网络，促进高校开展海外专利布局工作。与地方政府合作，建设国际创新园区，汇聚国际创新资源要素，促进一批跨国技术转移项目落地实现产业化。

序号	法律（法规）名称	颁布机关及时间	具体规定
			（七）产学研用结合，促进创新资源开放共享 17. 加大科教融合力度。完善高校教材管理相关规定，加快推动科技成果以出版专著、编辑教材、讲义等形式尽快转化为教育教学内容，丰富教学手段，革新教学技术，增强教学深度、广度。 18. 加强产学研协同创新。联合有实力的企业承担重点研发计划等国家重点科研任务，加强成果产业化示范工作；围绕"互联网+"战略开展企业技术难题竞标等"研发众包"模式探索。推动建设高校新兴产业技术创新网络，组织高校创新资源与地方政府、行业骨干企业开展合作，建成若干领域产业技术创新协作组织，为相关领域产业向国际风价值链高端攀升提供服务。 19. 加强高校创新资源开放共享。构建高校仪器设备开放共享平台，完善向社会开放科研设施和大型仪器设备的管理运行机制，为创新创业群体开放科技数据、论文等创新资源，提供科技成果相关信息。
5	关于加强高等学校科技成果转移转化工作的若干意见	教育部、科技部 2016 年	八、推进科研设施和仪器设备开放共享。鼓励高校与企业、研究开发机构及其他组织联合建立研究开发平台、技术转移机构或技术创新联盟，共同开展研究开发、成果应用与推广、标准研究与制定。支持高校和地方、企业联合共建实验室和大型仪器设备共享平台，加快推进高校科研设施与仪器在保障本校教学科研基本需求的前提下向其他高校、科研院所、企业、社会研发组织等社会用户开放共享。依托高校建设的国家重点实验室、国家工程实验室、国家工程（技术）研究中心、大型科学仪器中心、分析测试中心等各类研发平台，要按功能定位，建立向企业特别是中小企业有效开放的机制，加大向社会开放的力度，为科技成果转移转化提供服务支撑。科研设施和仪器设备有偿开放的，严格按国家工商、价格管理等规定办理，收入、支出纳入学校财务统一管理。

序号	法律（法规）名称	颁布机关及时间	具体规定
6	国家技术转移体系建设方案	国务院 2017 年	二、优化国家技术转移体系基础架构 （五）激发创新主体技术转移活力。 ……促进产学研协同技术转移。发挥国家技术创新中心、制造业创新中心等平台载体作用，推动重大关键技术转移扩散。依托企业、高校、科研院所建设一批聚焦细分领域的科技成果中试、熟化基地，推广技术成熟度评价，促进技术成果规模化应用。支持企业牵头会同高校、科研院所等共建产业技术创新战略联盟，以技术交叉许可、建立专利池等方式促进技术转移扩散。加快发展新型研发机构，探索共性技术研发和技术转移的新机制。充分发挥学会、行业协会、研究会等科技社团的优势，依托产学研协同共同体推动技术转移……
7	关于推动创新创业高质量发展打造"双创"升级版的意见	国务院 2018 年	五、深入推动科技创新支撑能力升级 （十七）推动高校科研院所创新创业深度融合。健全科技资源开放共享机制，鼓励科研人员面向企业开展技术开发、技术咨询、技术服务、技术培训等，促进科技创新与创业深度融合。推动高校、科研院所与企业共同建立概念验证、孵化育成等面向基础研究成果转化的服务平台。（科技部、教育部等按职责分工负责）

表 5-4 "利益分享、兼职创业和创设参股新公司"的主要规定

序号	法律（法规）名称	颁布机关及时间	具体规定
1	促进科技成果转化法	全国人民代表大会常务委员会 2015 年	第十九条第一款 国家设立的研究开发机构、高等院校所取得的职务科技成果，完成人和参加人在不变更职务科技成果权属的前提下，可以根据与本单位的协议进行该项科技成果的转化，并享有协议规定的权益。该单位对上述科技成果转化活动应当予以支持。 第二十七条 国家鼓励研究开发机构、高等院校与企业及其他组织开展科技人员交流，根据专业特点、行业领域技术发展需要，聘请企业及其他

序号	法律（法规）名称	颁布机关及时间	具体规定
			组织的科技人员兼职从事教学和科研工作，支持本单位的科技人员到企业及其他组织从事科技成果转化活动。 第四十条　科技成果完成单位与其他单位合作进行科技成果转化的，应当依法由合同约定该科技成果有关权益的归属。合同未作约定的，按照下列原则办理： （一）在合作转化中无新的发明创造的，该科技成果的权益，归该科技成果完成单位； （二）在合作转化中产生新的发明创造的，该新发明创造的权益归合作各方共有； （三）对合作转化中产生的科技成果，各方都有实施该项科技成果的权利，转让该科技成果应经合作各方同意。 第四十三条　国家设立的研究开发机构、高等院校转化科技成果所获得的收入全部留归本单位，在对完成、转化职务科技成果做出重要贡献的人员给予奖励和报酬后，主要用于科学技术研究开发与成果转化等相关工作。 第四十四条　职务科技成果转化后，由科技成果完成单位对完成、转化该项科技成果做出重要贡献的人员给予奖励和报酬。 科技成果完成单位可以规定或者与科技人员约定奖励和报酬的方式、数额和时限。单位制定相关规定，应当充分听取本单位科技人员的意见，并在本单位公开相关规定。 第四十五条　科技成果完成单位未规定、也未与科技人员约定奖励和报酬的方式和数额的，按照下列标准对完成、转化职务科技成果做出重要贡献的人员给予奖励和报酬： （一）将该项职务科技成果转让、许可给他人实施的，从该项科技成果转让净收入或者许可净收入中提取不低于百分之五十的比例； （二）利用该项职务科技成果作价投资的，从该项科技成果形成的股份或者出资比例中提取不低于百分之五十的比例； （三）将该项职务科技成果自行实施或者与他人合

序号	法律（法规）名称	颁布机关及时间	具体规定
			作实施的，应当在实施转化成功投产后连续三至五年，每年从实施该项科技成果的营业利润中提取不低于百分之五的比例。国家设立的研究开发机构、高等院校规定或者与科技人员约定奖励和报酬的方式和数额应当符合前款第一项至第三项规定的标准。 国有企业、事业单位依照本法规定对完成、转化职务科技成果做出重要贡献的人员给予奖励和报酬的支出计入当年本单位工资总额，但不受当年本单位工资总额限制、不纳入本单位工资总额基数。
2	专利法	全国人民代表大会常务委员会 2020 年	第十五条　被授予专利权的单位应当对职务发明创造的发明人或者设计人给予奖励；发明创造专利实施后，根据其推广应用的范围和取得的经济效益，对发明人或者设计人给予合理的报酬。 国家鼓励被授予专利权的单位实行产权激励，采取股权、期权、分红等方式，使发明人或者设计人合理分享创新收益。
3	实施《中华人民共和国促进科技成果转化法》若干规定	国务院 2016 年	二、激励科技人员创新创业 (六) 国家设立的研究开发机构、高等院校制定转化科技成果收益分配制度时，要按照规定充分听取本单位科技人员的意见，并在本单位公开相关制度。依法对职务科技成果完成人和为成果转化作出重要贡献的其他人员给予奖励时，按照以下规定执行： 1. 以技术转让或者许可方式转化职务科技成果的，应当从技术转让或者许可所取得的净收入中提取不低于50%的比例用于奖励。 2. 以科技成果作价投资实施转化的，应当从作价投资取得的股份或者出资比例中提取不低于50%的比例用于奖励。 3. 在研究开发和科技成果转化中作出主要贡献的人员，获得奖励的份额不低于奖励总额的50%。 4. 对科技人员在科技成果转化工作中开展技术开发、技术咨询、技术服务等活动给予的奖励，可按照促进科技成果转化法和本规定执行。

续表

序号	法律（法规）名称	颁布机关及时间	具体规定
			（七）国家设立的研究开发机构、高等院校科技人员在履行岗位职责、完成本职工作的前提下，经征得单位同意，可以兼职到企业等从事科技成果转化活动，或者离岗创业，在原则上不超过3年时间内保留人事关系，从事科技成果转化活动。研究开发机构、高等院校应当建立制度规定或者与科技人员约定兼职、离岗从事科技成果转化活动期间和期满后的权利和义务。离岗创业期间，科技人员所承担的国家科技计划和基金项目原则上不得中止，确需中止的应当按照有关管理办法办理手续……
4	促进科技成果转移转化行动方案	国务院办公厅 2016年	二、重点任务 （五）大力推动科技型创新创业。 16. 促进众创空间服务和支撑实体经济发展。重点在创新资源集聚区域，依托行业龙头企业、高校、科研院所，在电子信息、生物技术、高端装备制造等重点领域建设一批以成果转移转化为主要内容、专业服务水平高、创新资源配置优、产业辐射带动作用强的众创空间，有效支撑实体经济发展。构建一批支持农村科技创新创业的"星创天地"。支持企业、高校和科研院所发挥科研设施、专业团队、技术积累等专业领域创新优势，为创业者提供技术研发服务。吸引更多科技人员、海外归国人员等高端创业人才入驻众创空间，重点支持以核心技术为源头的创新创业。 17. 推动创新资源向创新创业者开放。引导高校、科研院所、大型企业、技术转移机构、创业投资机构以及国家级科研平台（基地）等，将科研基础设施、大型科研仪器、科技数据文献、科技成果、创投资金等向创新创业者开放。依托3D打印、大数据、网络制造、开源软硬件等先进技术和手段，支持各类机构为创新创业者提供便捷的创新创业工具。支持高校、企业、孵化机构、投资机构等开设创新创业培训课程，鼓励经验丰富的企业家、天使投资人和专家学者等担任创业导师。 18. 举办各类创新创业大赛。组织开展中国创新

序号	法律（法规）名称	颁布机关及时间	具体规定
			创业大赛、中国创新挑战赛、中国"互联网+"大学生创新创业大赛、中国农业科技创新创业大赛、中国科技创新创业人才投融资集训营等活动，支持地方和社会各界举办各类创新创业大赛，集聚整合创业投资等各类资源支持创新创业。
5	赋予科研人员职务科技成果所有权或长期使用权试点实施方案	科技部等9部门 2020年	二、试点主要任务 （一）赋予科研人员职务科技成果所有权。 国家设立的高等院校、科研机构科研人员完成的职务科技成果所有权属于单位。试点单位可以结合本单位实际，将本单位利用财政性资金形成或接受企业、其他社会组织委托形成的归单位所有的职务科技成果所有权赋予成果完成人（团队），试点单位与成果完成人（团队）成为共同所有权人。赋权的成果应具备权属清晰、应用前景明朗、承接对象明确、科研人员转化意愿强烈等条件。成果类型包括专利权、计算机软件著作权、集成电路布图设计专有权、植物新品种权，以及生物医药新品种和技术秘密等。对可能影响国家安全、国防安全、公共安全、经济安全、社会稳定等事关国家利益和重大社会公共利益的成果暂不纳入赋权范围，加快推动建立赋权成果的负面清单制度。 试点单位应建立健全职务科技成果赋权的管理制度、工作流程和决策机制，按照科研人员意愿采取转化前赋予职务科技成果所有权（先赋权后转化）或转化后奖励现金、股权（先转化后奖励）的不同激励方式，对同一科技成果转化不进行重复激励。先赋权后转化的，科技成果完成人（团队）应在团队内部协商一致，书面约定内部收益分配比例等事项，指定代表向单位提出赋权申请，试点单位进行审批并在单位内公示，公示期不少于15日。试点单位与科技成果完成人（团队）应签署书面协议，合理约定转化科技成果收益分配比例、转化决策机制、转化费用分担以及知识产权维持费用等，明确转化科技成果各方的权利和义务，并及时办理相应的权属变更等手续。 （二）赋予科研人员职务科技成果长期使用权。 试点单位可赋予科研人员不低于10年的职务科

序号	法律（法规）名称	颁布机关及时间	具体规定
			技成果长期使用权。科技成果完成人（团队）应向单位申请并提交成果转化实施方案，由其单独或与其他单位共同实施该项科技成果转化。试点单位进行审批并在单位内公示，公示期不少于 15 日。试点单位与科技成果完成人（团队）应签署书面协议，合理约定成果的收益分配等事项，在科研人员履行协议、科技成果转化取得积极进展、收益情况良好的情况下，试点单位可进一步延长科研人员长期使用权期限。试点结束后，试点期内签署生效的长期使用权协议应当按照协议约定继续履行。
6	关于提升高等学校专利质量促进转化运用的若干意见	教育部、国家知识产权局、科技部 2020 年	二、重点任务 （四）优化政策制度体系 10. 优化专利资助奖励政策。高校要以优化专利质量和促进科技成果转移转化为导向，停止对专利申请的资助奖励，大幅减少并逐步取消对专利授权的奖励，可通过提高转化收益比例等"后补助"方式对发明人或团队予以奖励。
7	促进高等学校科技成果转移转化行动计划	教育部办公厅 2016 年	二、重点任务 （一）加强制度建设，营造成果转化良好环境 3. 健全人事管理制度。制定科技人员在岗兼职、离岗创业和返岗任职的制度，完善鼓励科技人员与企业工程人员双向交流的政策措施。组织开展将企业任职经历作为新聘工程类教师必要条件的试点工作。 4. 完善成果转化收益分配制度。完善科技成果转化收益分配政策，保障参与科技成果转移转化各方的权益。对完成"四技"合同项目科研人员的奖励和报酬，参照科技成果转化收益分配政策。 （八）拓展资金渠道，加强科技与金融的结合 20. 拓宽社会资金参与渠道。以知识产权作价入股等形式引入产业类资金参与科技成果转化；通过组织成立创业投资基金等方式，吸引天使投资、私募基金、风险投资等社会资本参与高校科技成果转化；向各类基金会等社会团体推介高校科技成果，吸引其以自有资金支持科研成果转移转化工作。

序号	法律（法规）名称	颁布机关及时间	具体规定
8	关于加强高等学校科技成果转移转化工作的若干意见	教育部、科技部 2016年	二、简政放权鼓励科技成果转移转化。高校对其持有的科技成果，可以自主决定转让、许可或者作价投资，除涉及国家秘密、国家安全外，不需要审批或备案。高校有权依法以持有的科技成果作价入股确认股权和出资比例，通过发起人协议、投资协议或者公司章程等形式对科技成果的权属、作价、折股数量或出资比例等事项明确约定、明晰产权，并指定所属专业部门统一管理技术成果作价入股所形成的企业股份或出资比例。高校职务科技成果完成人和参加人在不变更职务科技成果权属的前提下，可以按照学校规定与学校签订协议，进行该项科技成果的转化，并享有相应权益。高校科技成果转移转化收益全部留归学校，纳入单位预算，不上缴国库；在对完成、转化科技成果做出重要贡献的人员给予奖励和报酬后，主要用于科学技术研究与成果转化等相关工作。 五、健全以增加知识价值为导向的收益分配政策。高校要根据国家规定和学校实际，制定科技成果转移转化奖励和收益分配办法，并在校内公开。在制定科技成果转移转化奖励和收益分配办法时，要充分听取学校科技人员的意见，兼顾学校、院系、成果完成人和专业技术转移转化机构等参与科技成果转化的各方利益。 高校依法对职务科技成果完成人和为成果转化作出重要贡献的其他人员给予奖励时，按照以下规定执行：以技术转让或者许可方式转化职务科技成果的，应当从技术转让或者许可所取得的净收入中提取不低于50%的比例用于奖励；以科技成果作价投资实施转化的，应当从作价投资取得的股份或者出资比例中提取不低于50%的比例用于奖励；在研究开发和科技成果转化中作出主要贡献的人员，获得奖励的份额不低于总额的50%。成果转移转化收益扣除对上述人员的奖励和报酬后，应当主要用于科学技术研发与成果转移转化等相关工作，并支持技术转移机构的运行和发展。担任高校正职领导以及高校所属具有独立法人资

序号	法律（法规）名称	颁布机关及时间	具体规定
			格单位的正职领导，是科技成果的主要完成人或者为成果转移转化作出重要贡献的，可以按照学校制定的成果转移转化奖励和收益分配办法给予现金奖励，原则上不得给予股权激励；其他担任领导职务的科技人员，是科技成果的主要完成人或者为成果转移转化作出重要贡献的，可以按照学校制定的成果转化奖励和收益分配办法给予现金、股份或出资比例等奖励和报酬。对担任领导职务的科技人员的科技成果转化收益分配实行公示和报告制度，明确公示其在成果完成或成果转化过程中的贡献情况及拟分配的奖励、占比情况等。高校科技人员面向企业开展技术开发、技术咨询、技术服务、技术培训等横向合作活动，是高校科技成果转化的重要形式，其管理应依据合同法和科技成果转化法；高校应与合作单位依法签订合同或协议，约定任务分工、资金投入和使用、知识产权归属、权益分配等事项，经费支出按照合同或协议约定执行，净收入可按照学校制定的科技成果转移转化奖励和收益分配办法对完成项目的科技人员给予奖励和报酬。对科技人员承担横向科研项目与承担政府科技计划项目，在业绩考核中同等对待。科技成果转移转化的奖励和报酬的支出，计入单位当年工资总额，不受单位当年工资总额限制，不纳入单位工资总额基数。六、完善有利于科技成果转移转化的人事管理制度。高校科技人员在履行岗位职责、完成本职工作的前提下，征得学校同意，可以到企业兼职从事科技成果转化，或者离岗创业在不超过三年时间内保留人事关系。离岗创业期间，科技人员所承担的国家科技计划和基金项目原则上不得中止，确需中止的应当按照有关管理办法办理手续。高校要建立和完善科技人员在岗兼职、离岗创业和返岗任职制度，对在岗兼职的兼职时间和取酬方式、离岗创业期间和期满后的权利和义务及返岗条件作出规定并在校内公示。担任领导职

序号	法律（法规）名称	颁布机关及时间	具体规定
			务的科技人员的兼职管理，按中央有关规定执行。鼓励高校设立专门的科技成果转化岗位并建立相应的评聘制度。鼓励高校设立一定比例的流动岗位，聘请有创新实践经验的企业家和企业科技人才兼职从事教学和科研工作。教育部将组织高校开展将企业任职经历作为新聘工程类教师必要条件的试点，加大对应用型本科和高职院校专业教师在校企之间的交流力度。
9	国家技术转移体系建设方案	国务院 2017 年	三、拓宽技术转移通道 （九）依托创新创业促进技术转移。 鼓励科研人员创新创业。引导科研人员通过到企业挂职、兼职或在职创办企业以及离岗创业等多种形式，推动科技成果向中小微企业转移。支持高校、科研院所通过设立流动岗位等方式，吸引企业创新创业人才兼职从事技术转移工作。引导科研人员面向企业开展技术转让、技术开发、技术服务、技术咨询，横向课题经费按合同约定管理……
10	关于推动创新创业高质量发展打造"双创"升级版的意见	国务院 2018 年	四、持续推进创业带动就业能力升级 （十）鼓励和支持科研人员积极投身科技创业。对科教类事业单位实施差异化分类指导，出台鼓励和支持科研人员离岗创业实施细则，完善创新型岗位管理实施细则。健全科研人员评价机制，将科研人员在科技成果转化过程中取得的成绩和参与创业项目的情况作为职称评审、岗位竞聘、绩效考核、收入分配、续签合同等的重要依据。建立完善科研人员校企、院企共建双聘机制。（科技部、教育部、人力资源社会保障部等按职责分工负责）

第六章

我国高校专利成果转化司法案例研究*

　　随着国家不断鼓励高校进行专利成果转化，其所催生的商业模式越来越丰富，由此导致的纠纷类型也多种多样。由于我国立法没有对专利成果转化合同的类型作出具体说明，导致在司法实践中，各地法院对相关案件的认定方式和认定结果也迥然不同。在激励企业开拓市场迸发活力、为高校专利转化提供创新动力的基础上，如何在司法实践中恰当地适用法律法规来解决高校专利转化相关问题并有效地维护当事人的权益已经成了法院在审理此类案件时的一大重点。

第一节　高校专利成果转化司法案例数据提取及分析

一、案例选取依据及数据的来源

（一）案例选取的依据

1. 时间依据

　　我国《促进科技成果转化法》自 1996 年 10 月开始实施，2015 年进行了修正。为了对 2015 年《促进科技成果转化法》修正实施前后的高校专利成果转化作出总结及分析，探索在《促进科技成果转化法》修正实施前后高校在实践中的做法和存在的问题，本章选取 1998 年至 2020 年的司法案件，通过对相关司法裁判中高校专利转化案件的梳理和总结，找出高校在专利转化过程中存在的问题，并对法院的审理思路、审理结果作出分析。

---

　　* 杨冠群，北方工业大学 2018 届法律（非法学）专业硕士研究生。

2. 类型依据

对于专利成果转化，目前我国《专利法》没有明确的定义。2015 年修正的《促进科技成果转化法》对科技成果转化作出了明确规定：科技成果转化，是指为提高生产力水平而对科技成果进行的后续试验、开发、应用、推广直至形成新技术、新工艺、新材料、新产品，发展新产业等活动。专利作为高校科技成果的主要形式，其转化也应符合上述含义，即具体环节应包括对专利成果进行的后续试验、开发、应用、推广，在上述各个阶段所发生的纠纷，形成了本章确定的选取案例类型的依据。

（二）案件数据来源

由于各地法院没有统一公布过高校专利成果转化相关案件，所以对于高校专利成果转化司法案例，笔者只能通过裁判文书网的关键词检索进行查询筛选，借此观察我国近年来各地法院审理高校专利成果转化相关案件的大致情形。笔者在中国裁判文书网关键词检索一栏中同时输入"大学""知识产权与竞争纠纷""合同"以及"判决书"，得到案件 2921 件，经过浏览筛选选取 1998 年到 2020 年的相关案件 45 件，以其作为本章的案件研究样本。

二、案例数据的基本分析

（一）地域及年度分布

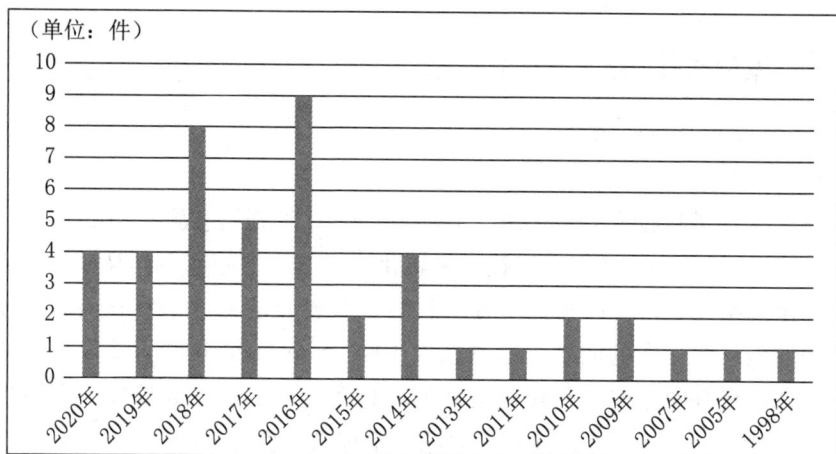

图 6-1　研究样本年度分布统计情况图

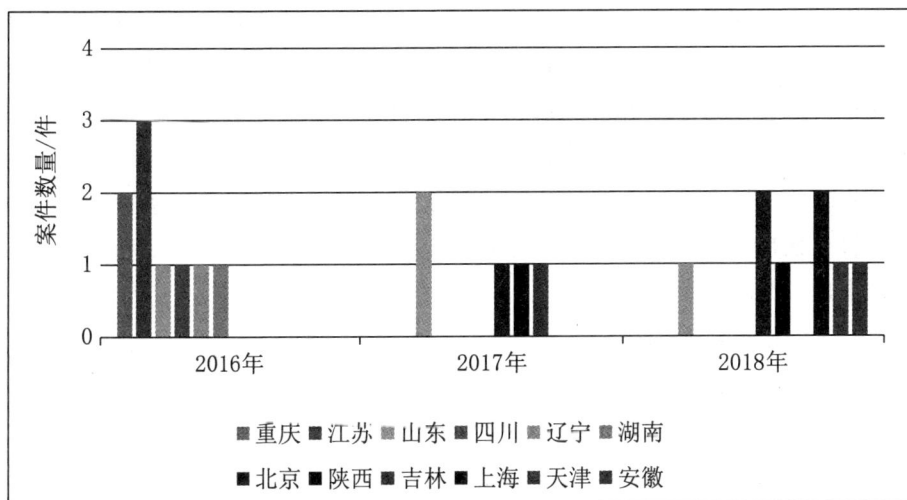

图 6-2　2016 年至 2018 年度案例样本地域分布情况图

通过比较可以看出，在北京等 17 地法院近 20 年来关于高校专利成果转化的案件中，自 2015 年以后每年的案件数量明显提升，2016 年 9 件，2017 年 5 件，2018 年 8 件，其中 2016 年具体是：重庆 2 件、江苏 3 件，山东、四川、辽宁、湖南各 1 件，败诉方最高判赔额为 1 982 629.25 元（山东）；2017 年，高校专利成果相关案件有 5 件，其中山东 2 件，北京、陕西、吉林各 1 件，败诉方最高判赔额为 2 026 245.62 元（山东）；2018 年，6 地法院 8 个案件具体为北京、上海各 2 件，天津、安徽、陕西、山东各 1 件，败诉方最高判赔额为 500 000 元（陕西）。而在 2014 年以前，高校专利转化相关案件中，2013 年只有广东法院 1 件，败诉方赔偿金为 100 000 元；2011 年只有江苏法院 1 件，未有赔偿金；2010 年北京、浙江各 1 件，最高违约金为 40 000 元。由此可见，仅从时间维度上来看，近 20 年间各地法院涉及高校专利成果转化的案件数量有所增加，尤其是 2015 年以后增加明显，这与 2015 年 8 月 29 日颁布新的《促进科技成果转化法》不无关系，且判赔额的绝对值、审判书的专业程度与 20 年前也有了提高。

自 2015 年以来，国家修正并印发了《促进科技成果转化法》《实施〈中华人民共和国促进科技成果转化法〉若干规定》《促进科技成果转移转化行动方案》，形成了从修正法律法规、配套细则到部署具体任务的科技成果转移转化工作的"三部曲"，提出了把提高科技成果转化作为推进知识产权发展的重要举措。笔者还观察到，2004 年后的明显变化是，最高人民法院以及各地法院的判决书大都强调技术合同的目的是使技术从实验室走向生产生活，从而工业化、产业化并产生经济效益，并对发明人、高校、企业有利于专利成果转化的做法予以肯定，且审判书篇幅及说理部分均有提升，这是自 2005 年 1 月 1 日起施行最高人民法院《关于审理技术合同纠纷案件适用法律若干问题的解释》之后法院审理技术案件的明显变化，弥补了以前对于专利成果转化案件审理不明晰的缺憾。

（二）案件类型

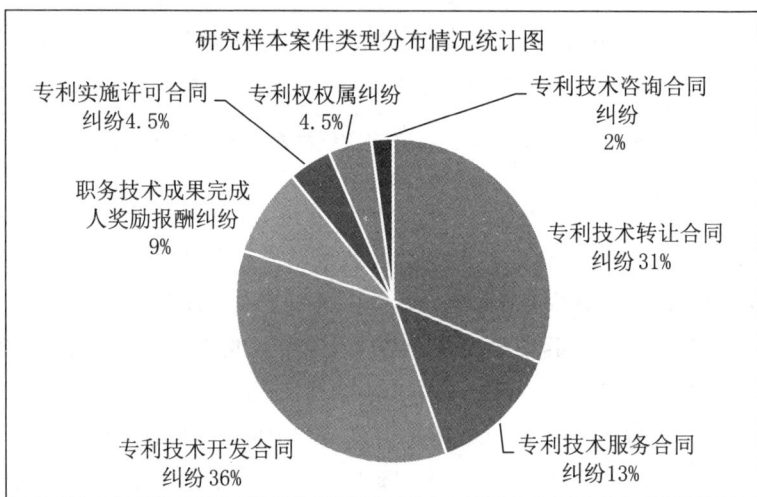

研究样本案件类型分布情况统计图

专利实施许可合同纠纷4.5%　专利权权属纠纷4.5%　专利技术咨询合同纠纷2%

职务技术成果完成人奖励报酬纠纷9%

专利技术转让合同纠纷31%

专利技术开发合同纠纷36%　专利技术服务合同纠纷13%

图 6-3　研究样本案件类型分布情况图

从案件类型来看，在这 45 件案件中，有 14 件专利技术转让合同纠纷案，占比 31%，涉及高校将其特有的专利、专利申请、技术秘密等相关权利让与企业再由高校或企业主导进行专利成果转化；有 6 件专利技术服务合同纠纷案，占比 13%，涉及高校以技术知识为企业解决特定技术问题；有 16 件专利技术开发合同纠纷案，占比 36%，涉及校企双方就新技术、新产品、新工艺等科技成果的研究开发、专利申请及产业化、工业化；有 4 件职务技术成果完成人奖励报酬纠纷案，占比 9%，涉及职务技术成果的奖励计算问题；有 2 件专利权权属纠纷案，占比 4.5%，涉及职务技术成果认定问题；有 2 件专利实施许可合同纠纷案及 1 件专利技术咨询合同纠纷案，分别占比 4.5% 和 2%。

由图 6-3 "研究样本案件类型分布情况图"我们可以看出，案件类型分布明显不均，其中专利技术开发合同纠纷及专利技术转让合同纠纷所占比例均在 30% 以上，呈现明显集中趋势，即以二者为首，其余案件类型分布次之的特点。笔者认为原因有两点：一是高校的技术积压。高校专利成果转化问题开始引起国家的高度关注和学者们的日益探讨是在近几年才发生的，以往高校大都专注于教学和研究工作，即使高校申请了专利权也没有将专利成果转化成新产品、新产业的想法与动力。直至 2015 年国家修正了《促进科技成果转化法》，高校才开始大规模探索专利转化领域。在转化中，将成熟的专利成果转让给企业是低风险、高效率的专利成果转化模式，故高校以该种方式进行专利成果转化是历史因素和现实因素共同促成的最优解，由此致使该案件类型比重较大。二是企业的合作诉求增加。根据历年《高等学校科技统计资料汇编》"科技经费"一章，主管部门和其他政府部门专项经费历年来都占据大头，这使得高校很少自主或主动寻求合作伙伴进行专利成果转化，直接导致了高校专利成果的转化。而在国家推动知识产权战略发展以后，随着企业对知识产权意识的提高，一些企业开始重视技术在市场竞争中的作用，为了开拓市场、增加产品竞争力主动寻求高校进行技术委托或合作开发，因此此类案件数量占比也有所增加。

（三）案件审理情况分析

1. 上诉情况

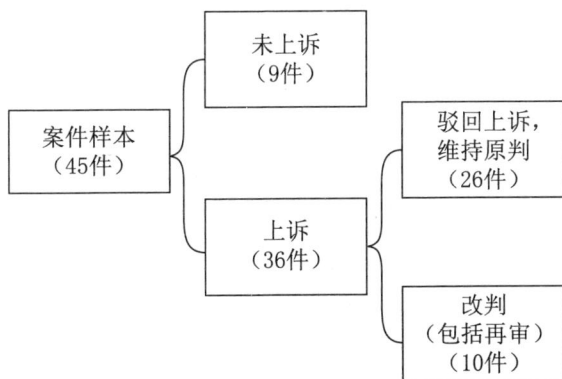

图 6-4　研究样本上诉情况图

从是否提起上诉的情况来看，在 45 件案件中，有 9 件当事人未提起上诉，一审判决直接生效，有 36 件进入了二审程序。从二审审理情况来看，在这 36 件案件中，法院改判的只有 10 件，其中还有部分再审案件。由此可见，大部分双方当事人对一审法院的审判结果均缺乏认同，但即使上诉也只有不到 1/3 的机会能够改判。这说明，在当前大力推进科技成果转移转化的宏观背景下，除非二审对于双方责任认定发生颠覆性改变，即由一审胜诉方承担转化失败主要责任，在一般情况下，对于一审查明的事实认定所确定的责任承担，二审改判概率并不大。

在二审改判的 10 件案件中，比较典型的是"武汉国想电力科技股份有限公司与武汉大学专利权转让合同纠纷案"：一审法院根据双方合同自始至终并未约定武汉大学应向武汉国想电力科技股份有限公司（以下简称"国想公司"）交付与实施专利有关的技术秘密，认定武汉大学已履行转让专利权的合同义务，专利转化失败的责任由国想公司承担。在二审中，法院认定国想公司的意图是有效拥有涉案专利，从而完成专利技术的成果转化，进而实现产业化生产并获取商业利益。从这一点出发，法院认为技术秘密是专利转化不可或缺的一部分，从而认定专利转化失败的责任在于武汉大学未交付该技术秘密，因此得以改判。

2. 赔偿请求及法院判赔的情况

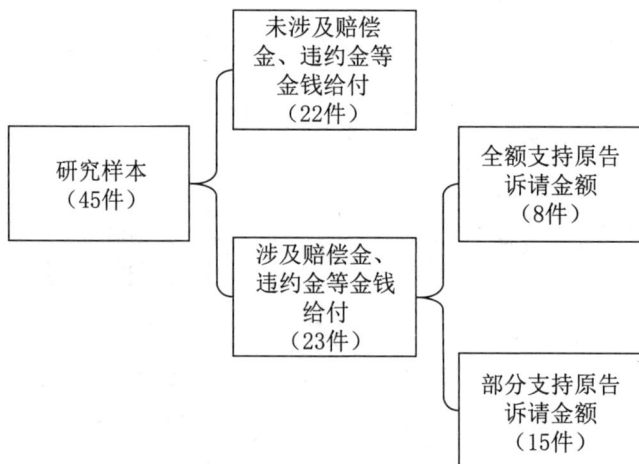

图6-5　研究样本赔偿及判赔情况图

从诉请赔偿额及判赔情况来看，在 45 件案件中涉及赔偿金、违约金等金钱给付的有 23 件。在这 23 件案件中，法院全额支持原告诉请金额的案件有 8 件；另外 15 件，法院对原告诉请金额予以了部分支持。法院在确定赔偿金额时，大部分采用酌定、综合考虑或公平原则作为额度确定方式。通过赔偿支持及确定方式，可以观察到法院对于专利转化成果市场价值与权利人认知的不同，以及法院对于高校在专利转化过程中付出的劳动成果价值与权利人主张的不同，双方对此二者存在认知差异。

例如，在"山东神龙科教装备有限公司与山东师范大学专利技术转让合同纠纷案"中，山东神龙科教装备有限公司（以下简称"神龙公司"）诉请其采买的用于该技术产业化的生产设备归山东师范大学并由山东师范大学折合设备经济价值给予神龙公司补偿，除此之外山东师范大学应赔偿神龙公司的既得利益并对神龙公司的投资利息按商业银行实际放贷利息给予赔偿。赔偿具体数额经神龙公司申请，法院对神龙公司所有的投入资金及银行同期贷款利息进行了审计；对剩余设备、存货、不动产等现值进行了评估，得出结论为所有投入资金为 5 484 274.58 元，相应的投入资金银行同期贷款利息为 1 877 367.51 元。按《资产评估报告书》的评估，其投入的资产（设备、存货、不动产）现值为 2 679 004.14 元。最终再审法院判决综合考虑本案具体案情，确定涉案生产设备归神龙公司所有，山东师范大学赔偿神龙公司 1 982 629.25 元。按照《资产评估报告书》中的数据，投入资金与资产现值的差值为 2 805 270.44 元，明显大于法院的判赔额，且现存设备、材料等均为神龙公司听从山东师范大学的建议为履行该专利技术转让合同而专门采购的，在合同解除后专利技术转化已不可能实现，剩余材料及设备明显于公司无用，故神龙公司在该转化合作中的损失应接近所有投入资金加同期贷款利息再减去不动产的现金价值，其数额远远大于法院判决的山东师范大学应赔偿神龙公司的数额。法院的综合考虑只是根据双方责任的酌定，而没有具体量化双方履约及违约行为所带来的经济价值影响。笔者认为，此例很好地说明了作为当事人的企业对于专利成果转化过程中高校的劳动价值的认知与法院存在较大差异，法院的判赔虽说对神龙公司有所补益但仍然不足，高校给付的赔偿金额较企业的损失差距较大。

3. 举证情况

从围绕专利成果转化案件的举证情况来看，除"河北圣洁环境生物科技工程有限公司与龙蟒公司、中国地质大学专利技术服务合同纠纷案"判决书未明确载明涉案证据情况外，其他案件判决书都大致记载了当事人举证及其申请法院调取证据的情况，尤其是双方当事人举证及依据较为详细。这说明，专利成果转化相关案件的审判有赖于权利人的积极举证，对当事人举证途径的概括分析如下：

（1）当事人收集。当事人自行收集的证据主要包括合同、法律法规、司法解释、高校文件及规定、双方往来的邮件及微信记录、证人证言、鉴定证书、分析报告、可行性报告、公证书等，这些由当事人自己提供的证据有助于厘清责任，查明转化失败原因及赔偿额度。

（2）申请法院调查取证。当事人申请法院调取关键性证据，也是确定专利转化成果的重要证据来源。在"张家港华美生物材料有限公司与华东理工大学专利技术转让合同纠纷案"中，依据张家港华美生物材料有限公司（以下简称"华美公司"）的申请，一审法院组织双方当事人至华美公司进行实地勘验，法院至张家港市安监局就涉案项目相关情况进行调查，据此确定专利成果是否成功投产及华东理工大学履行合同义务是否充分适当，并以此作为裁判的依据。

（3）提交审计报告、经济分析报告。在"北京理工大学与乐陵市万兆科技有限公司专利技术委托开发合同纠纷案"中，乐陵市万兆科技有限公司为证明其因履行合同而进行的全部投入及损失情况，申请对其投入及损失情况进行审计鉴定。一审法院委托会计师事务所审计后得出乐陵市万兆科技有限公司全部投入及损失金额，北京理工大学对其中涉及工人工资、租赁厂房、购买设备、改造厂房等多项费用不予认可，法院依据审计报告及双方意见，酌情确定了北京理工大学的赔偿金额。毋庸置疑，审计报告在法院判决当事人赔偿金额中起到了重要作用，但由于一些案件情况复杂，跨度时间长，涉及金额大或当事人责任不明晰，法院只能通过审计的方式适用公平原则酌情确定违约方的赔偿金额。

另外，值得关注的是，在专利成果转化纠纷的解决过程中，一些当事人开始注意对经济分析报告等证据的运用，如在"钦州锐丰钒钛铁科技有限公司与北京航空航天大学专利技术合同纠纷案"中，钦州锐丰钒钛铁科技有限公司为说明预期利益损失，提供了高校于专利转化期间出具的经济分析报告；在"湖南地源精细化工有限公司与兰州理工大学专利技术合同纠纷案"中，湖南地源精细化工有限公司为说明高校一方存在技术欺诈，提供了合作期间高校出具的经济效益分析报告、技术可行性报告等。虽说在上述两件案件中，法院均未采信当事人提供的经济分析报告，但其进步意义在于：一是当事人已经有将经济分析报告引入诉讼的认知与实践；二是法院在判决书中已明确记载经济分析报告的内容，并作出相应的证据认定意见。这表明，在以后的高校专利成果转化案件中引入经济分析报告等证据的运用，对责任的确定在一定程度上也会具有积极的意义。

纵观上述案例研究样本的状况我们可以看出，有关高校专利成果转化的案件类型主要涉及专利技术转让合同纠纷、专利技术服务合同纠纷、专利技术开发合同纠纷、职务技术成果完成人奖励报酬纠纷、专利权权属纠纷、专利实施许可合同纠纷以及专利技术咨询合同纠纷共七种类型。从年度及地域分布来看，有关高校专利成果转化的案件自 2015 年以后数量明显提升，其广泛分布在我国 17 个省级行政区，但是各地区分布不均，呈现出明显集中性趋势，即以江苏、山东为首，北京次之的分布特点；案件审理的过程中，在证据方面，形成了以当事人自行举证为主，申请法院审计为辅的特点；在审理环节方面，大部分案件都进入了二审，更有个别案件进入了再审程序，但最终改判的只有一小部分。

影响高校专利成果转化成功率的因素众多，虽说 1996 年国家就公布施行了《促进科技成果转化法》，然而从 1998 年及之后几年的案件判决书来看，仍存在着一定的问题。如法院判决书字数少、说理不清楚、主旨原则不明确。例如，在 1998 年"北京大学与南京通驰海江工程技术服务公司专利实施许可合同纠纷案"中，法院对于北京大学违约责任的认定只有 106 个字的说明，对于违约金赔偿只有最终结果，判决书极其单薄。随着时间的推移尤其是 2015 年后国家大力推进科技成果转移转化并重新修正《促进科技成果转化法》，法院对于相关案件的审理也越来越详尽，对于双方责任认定、证据采纳及认定、违约、赔偿数额认定的方式及结果也阐述得愈加科学合理，对维护当事人的合法权益具有积极的意义。

另外，由于立法的缺位或司法适用等原因，在高校专利成果转化纠纷中，出现了一些焦点问题：①在案例样本中占比 9% 的职务技术成果完成人奖励报酬纠纷案。职务专利成果转化中给予作出贡献的人员奖励是毋庸置疑的，作为鼓励技术创新及成果转化的激励方式，必须尊重科研人员的劳动成果，遵循按劳分配为主体，多种分配方式并存的原则。然而，对于具体分配方式、分配比例等问题，法律、法规规定不一，各地方政策也不尽相同，这就使得同样都是专利成果转化，但科研人员所获得的报酬多少不一，这给我国的职务成果转化实践带来了一定的障碍。②在高校专利成果转化纠纷中，有关赔偿请求及法院判赔的问题。在司法审判中，不同法院对于违约金、赔偿金的确定方式不一，对当事人提供的证据的详细程度、证据类型需求不同，法官自由裁量色彩浓厚且发挥程度各地法院差距较大，当事人对于赔偿或违约金额认可度不高，这在一定程度上影响了当事人对于专利转化的积极性。③当事人自身对于专利成果转化也存在主观认识及客观方面的问题，这不仅增加了专利成果转化的法律风险，也给司法适用提出了一定的难题。上述问题是高校专利成果转化纠纷的焦点，也是本章下一节结合具体案例研究的重点问题。

第二节　高校专利成果转化纠纷所涉及的焦点问题分析

本章第一节侧重对我国高校专利成果转化相关案例的总体分析，本部分将从个案的角度，对目前我国高校专利转化过程中的纠纷进行分析。从案件所涉及的法律问题、法院审理思路及结果等角度总结出目前我国高校专利成果转化纠纷的问题焦点，并对其形成原因作出分析。

一、高校专利成果转化纠纷所涉及的焦点问题

（一）因职务发明专利引发的纠纷

1. 职务发明专利的认定与权属纠纷

典型案例："罗某俊与中国科学院力学研究所专利权权属纠纷案"

罗某俊主张涉案专利成果为其个人发明，主张的理由在于其在发明创造过程中仅仅是利用了中国科学院力学研究所的物质条件进行了验证，且验证后未进行实质性修改；中国科学院力学研究所称罗某俊主要利用研究所的经费、设备、原材料等物质条件完成发明成果，故专利权应归属中国科学院力学研究所。

法院的认定及判决：一审法院认为罗某俊是接受中国科学院力学研究所的指派开展与涉案专利成果相关的研发工作，在工作中使用了中国科学院力学研究所的经费，得出涉案技术成果系利用了中国科学院力学研究所的物质

技术条件所完成的职务发明创造，涉案专利权应归属中国科学院力学研究所所有的结论。二审法院维持一审判决，驳回了罗某俊的上诉。[1]

对案件涉及问题的分析：在此案中，双方争议的焦点是发明创造的性质和权利归属，罗某俊认为其主要是利用其无价的智力成果，因而该项发明属于非职务发明技术成果；而中国科学院却认为该项发明是主要利用单位的物质条件完成的，应属于职务发明技术成果。随着高校专利成果的数量增加，近年围绕此类纠纷的案件也有增多趋势，形成此类纠纷的原因在于：一方面，发明创造人与高校之间对涉及高校专利成果的权属认定存在模糊不清的认识；另一方面，与立法规定不明确也存在一定的联系。

2. 因职务发明报酬与奖励而产生的纠纷

典型案例："李某源与王某学西安石油大学职务技术成果完成人奖励报酬纠纷案"

2013 年 3 月 15 日，克拉玛依新科澳石油天然气技术股份有限公司与西安石油大学签订专利技术委托开发合同，之后，西安石油大学收到了开发经费和报酬 30 万元。李某源认为根据 2005 年《陕西省促进科技成果转化条例》的规定，其作为项目主要完成者应获得课题组奖励和报酬的 70%，而西安石油大学提供的项目总结报告和克拉玛依新科澳石油天然气技术股份有限公司提供的证明均载明王某学为涉案项目的主要负责人和主要贡献人。

法院的认定及判决：一审法院认为李某源援引的法律法规已被修改，故不予采纳，且其未能充分证明其是主要贡献人，故法院考虑其对项目作出的贡献根据公平原则酌情认定其应得报酬为 3 万元。[2]二审法院维持一审判决，驳回了李某源的上诉。

对案件涉及问题的分析：在本次专利转化中，仅仅依靠一份总结报告和证明是不足以判断出李某源在该项目中的贡献比例的，其付出的精力、劳动乃至灵感、思路均无法凭借两份文件来说明，但根据现行法律法规及技术手段，法院只能酌情认定李某源的报酬数额。一个产品由多个不同专利组成且不同专利对于该产品经济价值的作用也存在差异，但这种差异在实践中法院

---

〔1〕　参见北京市高级人民法院审结案件［2018］京民终第 182 号。
〔2〕　参见陕西省高级人民法院审结案件［2020］陕民终第 230 号。

很难认定；一项专利成果的产生与转化要克服多个技术难关，不同技术点对于该专利的成功转化所作的贡献也是大不一样的，但司法判例中法院依然很难加以准确认定，只能通过项目报告、证人证言等间接认定，由此对于成果完成人的报酬认定就无法量化确定，只能通过证据进行自由裁量来酌定。

（二）围绕违约金、赔偿金确定问题所引发的纠纷

专利转化失败案件中违约方的赔偿是弥补另一方损失的主要手段，尤其是在合同无法继续履行的情况下更是唯一的救济方式，那么法院对于赔偿额的认定就是司法实践中不可忽视的内容。从法院确定赔偿额的方式来看，在具体案件中，法院确定赔偿额的方式通常有三种：根据双方合同的约定确定、通过计算实际损失的方式或依据合同的具体情况以酌定方式确定赔偿额。

1. 合同约定赔偿额问题

典型案例 1："西南大学与重庆凯圣牡丹产业有限公司专利技术开发合同纠纷案"

2016 年 4 月 17 日，重庆凯圣牡丹产业有限公司（以下简称"凯圣公司"）委托西南大学开发某技术并签订委托合同，其中约定若凯圣公司未按时全额支付研究经费及酬劳则需向西南大学支付违约金 6 万元，后凯圣公司违约。

法院的认定及判决：一审法院认为凯圣公司未按时足额支付第一阶段报酬，导致合同目的无法实现，故对西南大学诉请解除合同的请求予以支持，按照合同明确约定，凯圣公司应当向西南大学支付违约金 6 万元。[1]

典型案例 2："同济大学与海德尔节能环保股份有限公司专利技术合作开发合同纠纷案"

2016 年 8 月 13 日，海德尔节能环保股份有限公司（以下简称"海德尔公司"）与同济大学就某技术开发经协商一致签订委托开发合同。双方合同约定风险责任由海德尔公司承担 40%，同济大学承担 60%，后同济大学未成功开发该项目。

法院的认定及判决：一审法院认为同济大学提交的证据不足以证实其在规定时间内完成了小试、中试且达到合同约定的要求，故依据合同约定判决

---

〔1〕 参见重庆市渝北区人民法院审结案件〔2016〕渝 0112 民初第 21129 号。

同济大学赔偿海德尔公司已支付的研发经费及报酬共 50 万元乘以 60% 为 30 万元。二审法院维持原判。[1]

典型案例 3："北京工业大学等与国采易达投资有限公司专利权转让合同纠纷案"

2011 年 9 月 6 日，国采易达投资有限公司（以下简称"国采易达公司"）与北京工业大学签订技术转让合同，其中约定若北京工业大学拒不交付合同规定的全部资料，办理专利权转让手续的，国采易达公司有权解除合同，要求北京工业大学返还转让费，并支付全部转让费 10% 的违约金。2011 年 9 月 30 日，国采易达公司向北京工业大学支付了合同约定的首笔转让费 300 万元。后北京工业大学未履行专利转让义务。

法院的认定及判决：一审法院认为，北京工业大学并无证据证明双方就办理转让登记义务进行了变更及国采易达公司不愿意全部办理才导致未完成后续相关权利的变更登记之情况，在共 51 项专利技术中，北京工业大学仅转让了 3 项实用新型专利。根据合同约定，北京工业大学应支付转让费的 10% 计 30 万元违约金。[2]二审法院维持原判。

对案件涉及问题的分析：以上三个案例中，双方当事人对于赔偿金额均作了明确约定，法院据此判决合法合理，有一定的参考价值。

2. 对实际损失如何计算的问题

典型案例 1："北京理工大学与乐陵市万兆科技有限公司专利技术委托开发合同纠纷案"

2007 年 7 月 27 日，乐陵市万兆科技有限公司（以下简称"万兆公司"）与北京理工大学签订技术开发合同，后该技术未能实现工业化生产，万兆公司为证明其因履行合同而进行的全部投入及损失情况，申请一审法院对其投入及损失情况进行审计鉴定。

法院的认定及判决：一审法院认为北京理工大学在签订合同后约定的履行期间以及此后长达五年的时间内，一直未能向万兆公司提供书面、完整、成熟、可用于生产需要的生产工艺技术，其对案涉技术项目的研究失败应承

---

〔1〕　参见山东省高级人民法院审结案件［2020］鲁民终第 1300 号。
〔2〕　参见北京知识产权法院审结案件［2015］京知民终字第 484 号。

担违约责任，万兆公司的损失即应为其承担违约责任的数额，并根据审计报告确定了赔偿额。二审法院根据该审计报告并剔除了其中明显不合理或者证据存在较大瑕疵的费用后，计算确定了北京理工大学应当赔偿万兆公司的经济损失。[1]

对案件涉及问题的分析：本案例虽然在判决书中对于工人工资一项法院依然采用酌情支持，但对于该赔偿额的项目类型、各项赔偿数额都有明确的记录和说明，做出了非常好的示范。

典型案例 2："北京工业大学等与国采易达投资有限公司专利权转让合同纠纷案"

2011 年 9 月 6 日，国采易达公司与北京工业大学签订技术转让合同，北京工业大学应转让共 51 项专利，转让合同总价款 990 万元。后双方解除合同，但由于国采易达公司未缴纳专利年费致使 3 项专利失效。

法院的认定及判决：对于国采易达公司对北京工业大学的赔偿额，一审法院认定双方合同总价款为 990 万元，所转让的技术总数量为 51 项，合同总价款 990 万元÷所转让的技术总数量 51 项≈平均每项技术 19.4 万元。因此，鉴于双方合同未明确约定每项技术对应的价款，且双方在诉讼中也无法就此问题达成一致，故法院综合考虑双方合同总价款、所转让的技术总数量、涉案无法返还的 3 项专利权的类型等因素，确定国采易达公司应当赔偿损失的具体数额为 56 万元。[2]二审法院维持原判。

对案件涉及问题的分析：该案也是通过对实际损失计算的方式确定赔偿额的，虽然该计算方式较为粗糙，但毕竟每项专利技术的价值是不同的，按平均价值计算必然不够准确，且由于专利技术在未产业化之前是很难准确判定其经济价值的，所以法院的处理方式也不失为一个折中之法，值得借鉴。

典型案例 3："古丈大盈矿业有限公司与中南大学专利技术服务合同纠纷案"

古丈大盈矿业有限公司与中南大学于 2010 年 9 月 27 日签订了技术服务合同，双方合同约定若中南大学未能实现该合同约定的技术目标，则投入资金

---

[1]　参见山东省高级人民法院审结案件［2017］鲁民终第 713 号。
[2]　参见北京知识产权法院审结案件［2015］京知民终字第 484 号。

（正式发票金额）由中南大学承担，后技术未能成功。

法院的认定及判决：一审法院认为中南大学应按古丈大盈矿业有限公司的实际损失数额承担赔偿责任，经计算共计 1 391 984 元。二审法院认为双方当事人应各承担 50% 的责任，故中南大学应赔偿古丈大盈矿业有限公司（1 391 984－875 406）×50% = 258 289 元，其中 875 406 元为无正式发票的费用，按合同规定中南大学不予承担。[1]

典型案例 4："湖南地源精细化工有限公司与兰州理工大学专利技术开发合同纠纷案"

2004 年 1 月 23 日，湖南地源精细化工有限公司（以下简称"地源公司"）与兰州理工大学签订技术开发合同，合同中未明确约定责任分担方式，后兰州理工大学未能如约开发出相应的工业化生产技术。一审法院依法委托会计师事务所对地源公司所投入的资金和实际损失进行了鉴定。

法院的认定及判决：一审法院认为地源公司未尽到合理注意义务，盲目投资，兰州理工大学作为专业科研机构缺乏严谨、求实的治学科研态度，一味强调项目的可行性与经济效益而未对科研风险进行合理说明和必要警示，依据风险共担原则，地源公司和兰州理工大学对损失的造成应分别承担 50% 的责任。审计报告中确认的地源公司损失数额为 2 961 938.93 元，故兰州理工大学应承担的赔偿额为 2 961 938.93×50% = 1 480 969.465 元。[2]

对案件涉及问题的分析：以上两件案件法院均根据案件事实确定了双方责任承担比例来作为计算赔偿额的依据。可见，赔偿额虽然不易确定，但并非不能计算，关键在于厘清双方的责任。

3. 以酌定的方式确定赔偿额中的问题

在"山东神龙科教装备有限公司与山东师范大学专利技术转让合同纠纷案"中，法院根据神龙公司的申请委托审计和评估机构对神龙公司所有的投入资金及银行同期贷款利息进行了审计；对其设备、存货、不动产等现值进行了评估。根据《资产评估报告书》，神龙公司为项目进行的所有投入资金为 5 484 274.58 元（含技术转让费 8 万元及设备折旧）。二审法院在判决书中对

---

〔1〕　参见湖南省高级人民法院审结案件［2015］湘高法民三终字第 185 号。

〔2〕　参见最高人民法院审结案件［2016］最高法民再第 252 号。

于合同项目产能无法达标的原因及双方的违约责任进行了论述，但对于具体赔偿额的确定，只是根据《资产评估报告书》综合考虑本案具体案情，确定涉案生产设备归神龙公司所有，山东师范大学赔偿神龙公司 1 982 629.25 元。[1]至于该数额是如何考虑的，判决书中未有具体体现。

在"中南大学诉深圳中环科环保科技有限公司专利技术服务合同纠纷案"中，法院对于违约金的判定是中南大学主张每日1‰的违约金明显过高，故综合考虑合同的性质、内容、履行情况、当事人的过错程度及预期利益等因素，根据公平原则酌情认定深圳中环科环保科技有限公司应自 2014 年 12 月 24 日起以 25 万元为基数按照年利率6%的标准向中南大学支付逾期付款违约金至其实际付款之日止。[2]年利率的确定依据判决书中并没有体现。

在"星洋（珠海）建材有限公司诉华南理工大学专利技术转让合同纠纷案"中，双方合同只约定若华南理工大学违约则全额返还星洋（珠海）建材有限公司（以下简称"星洋公司"）已付款项并赔偿相应经济损失，但对于具体经济损失的认定未进行约定，最终法院判定星洋公司未能举证证明其因华南理工大学违约所造成的损失和可获得的利益，考虑到华南理工大学的违约行为导致星洋公司无法有效拥有涉案技术，造成了原材料、人工和其他经济损失的客观情况，遂酌定华南理工大学应赔偿星洋公司经济损失 10 万元。[3]对于10 万元的确定依据究竟是什么法院没有详细说明，且审理过程中法院和当事人均未对经济损失提出审计或鉴定。

（三）因专利成果转化合同履行所引发的纠纷

1. 主体未按合同约定履行

在"星洋（珠海）建材有限公司诉华南理工大学专利技术转让合同纠纷案"中，合同约定华南理工大学应当在合同生效后 30 日内到星洋公司现场提供技术服务和技术指导，然而华南理工大学出具的报告显示，其仅在星洋公司生产现场进行了部分技术服务，而关键工艺却未做指导，其对最后的技术细节只是进行了说明却没有在星洋公司生产现场对该关键技术进行过相应操作，而该细节的重要性和关键性是星洋公司极其重视的，可以被认定为涉案

---

[1] 参见最高人民法院审结案件［2012］民二终字第 43 号。
[2] 参见最高人民法院审结案件［2016］最高法民再第 252 号。
[3] 参见广东省珠海市中级人民法院审结案件［2012］珠中法知民初字第 314 号。

专利技术的关键技术。华南理工大学不履行合同义务的上述行为，致使星洋公司无法生产出符合合同约定标准的产品，无法有效地拥有涉案技术，导致转化失败。

在"湖南地源精细化工有限公司与兰州理工大学专利技术开发合同纠纷案"中，兰州理工大学出具了可行性研究报告、经济效益分析报告等，报告以与该专利成果相似的专利成果小范围转化成功为对比，夸大了专利成果转化成功后的产量、产值、销售收入、利润及税金等，认为该专利转化成功是毫无困难的。判决书指出，兰州理工大学在技术研发初期过分美化技术开发前景、在技术开发过程中疏于提醒和防范，在最终技术研发失败的情形下亦未承担风险责任，实质上造成了双方权利义务的失衡。

2. 专利成果转化中合同的"延伸"责任引发的纠纷

在"重庆京纬再生资源有限公司与西安理工大学专利技术委托开发合同纠纷案"中，重庆京纬再生资源有限公司（以下简称"京纬公司"）与西安理工大学签订技术委托开发合同，约定通过西安理工大学已持有的技术秘密，对大宗固废（石膏）进行开发利用，进行绿色建材产品开发，合同的目标不仅是获得新专利还包括通过专利转化成功进行工业化生产。后京纬公司认为前述技术秘密已由第三方公开致使合同履行不能遂诉至法院。二审法院审理认为："一方面京纬公司并无充分证据对此予以证明，另一方面涉案合同并未对技术秘密本身进行约定，故法院不予支持。"[1] 西安理工大学持有的技术秘密是本合同中的背景知识产权，京纬公司本想通过该背景知识产权与西安理工大学合作产生新的专利技术，但二者对于作为背景知识产权的该技术秘密在合同中未进行约定，由此埋下了双方合作破裂的种子。

在"武汉国想电力科技股份有限公司与武汉大学专利权转让合同纠纷案"中，国想公司作为甲方与作为乙方的武汉大学签订了一份专利权转让合同，就乙方向甲方转让一专利权达成协议。其中约定发明人向国想公司转让与实施本项专利权有关的技术秘密但合同另签。对于技术秘密的内容只规定了其是实现本专利各项权利要求，但最终由于技术秘密缺失导致专利转化失败。一审法院认为，涉案合同自始至终并未约定武汉大学应向国想公司交付与实施本专利有关的技术秘密，武汉大学并未违约。二审法院认为："结合合同条

---

〔1〕　参见陕西省高级人民法院审结案件［2019］陕民终第 1173 号。

款，根据合同整体解释规则，可以看出涉案专利各项权利要求的实现与技术秘密实施相关，亦即是否掌握相关技术秘密决定了涉案专利各项权利要求能否实现，也决定了国想公司的合同目的能否实现。因此，武汉大学向国想公司提交的完整技术资料，并不限于合同第三条列举的六项专利资料，还应包括与实施涉案专利有关的技术秘密。"〔1〕在本案中，技术秘密为该合同中的背景知识产权，由于在本合同中双方并未明确规定背景知识产权应由国想公司使用或拥有而是要另行签订合同导致国想公司缺乏专利转化的必要条件，最终导致专利成果转化失败。除此之外，对于该转化过程中所需的技术秘密或专利涉及哪个领域、具体名称是哪几个，合同也没有列明，这种模糊的专利转让合同让企业处于很被动的地位，高校和企业之间的权利义务明显失衡。

在"张家港华美生物材料有限公司与华东理工大学专利技术转让合同纠纷案"中，双方合同约定华东理工大学交付的技术内容是反应萃取相关技术，但在涉案合同履行过程中，实际上最终实施的技术方案并非原合同约定的反应萃取相关技术，而是薄膜蒸发、三塔精馏技术，双方还就上述两种技术以共同的名义进行了专利申请。薄膜蒸发、三塔精馏技术就是本合同的项目知识产权，虽说在双方签订的合同中未出现项目知识产权字样，但合同明确规定"后续改进的提供与分享：本合同所称的后续改进，是指在本合同有效期内，任何一方或者双方对合同标的的技术成果所作的革新和改进。双方约定，本合同标的的技术成果后续改进由双方完成，后续改进成果属于双方"。〔2〕正是基于该条规定，该项目在核心技术变化的情况下仍建成并正式投产，专利成果转化成功，法院基于社会经济效率原则及有利于技术成果的应用和推广，鼓励创新发展的立法精神，对华东理工大学解除涉案合同的主张不予支持。

二、引起高校专利成果转化纠纷的原因分析

从个案分析角度来看，引起上述纠纷的原因是多方面的，从法律角度分析，本章认为主要有以下几个方面的原因：

（一）立法方面的问题

围绕高校专利成果转化，我国目前已经形成比较系统的法律法规体系：

---

〔1〕 参见湖北省高级人民法院审结案件［2019］鄂民终第 158 号。

〔2〕 参见江苏省高级人民法院审结案件［2016］苏民终第 811 号。

如《专利法》第 6 条对于职务发明创造的规定,[1]第 15 条对于职务发明创造的发明人奖励报酬的规定。[2]《科学技术进步法》第 18 条重申了对于科研人员的奖励原则,[3]第 37 条规定政府引导高校和企业推进技术创新,对于企业与高校合作参与实施高校的专利成果转化予以鼓励和帮助。但围绕一些问题,立法规定还有明显的不足,如围绕职务发明专利的权利归属与报酬引起的纠纷,在高校专利成果转化中占有一定的比例,引起该类纠纷产生的原因是多方面的,其中立法规定的不足与纠纷的产生也有一定的关系。

依据我国现行职务发明权利归属制度,单位在其中处于强势地位,但是,真正做出发明的,懂得发明核心技术内容的应当是发明创造人,对职务发明人的保护不足,一定程度上会侵犯职务发明人发明权的完整性。2020 年 10 月,全国人民代表大会常务委员会对《专利法》进行了第四次修正。该法第 6 条第 1 款关于职务发明成果的规定采用"用人单位优先"原则;第 3 款对职务发明成果的归属则规定的是"约定优先"原则,相比于第三次修正增加了单位对于其专利权和专利申请权的依法处置规定,以鼓励专利转化运用。但与国外的职务发明制度相比,我国法律对职务发明的范围认定过于原则,覆盖面大,可操作性不强。[4]其中对"主要利用"的情形没有具体明确的规定,就单位物质技术条件在具体的某一项发明中所起的作用及程度大小,是很难做到具体认定的。而把"主要是利用本单位的物质技术条件"当作判断是否为职务发明的标准也不准确,因为其中的"主要"这个词本身也是带有极大主观色

---

[1]　《专利法》第 6 条规定,执行本单位的任务或者主要是利用本单位的物质技术条件所完成的发明创造为职务发明创造。职务发明创造申请专利的权利属于该单位,申请被批准后,该单位为专利权人。该单位可以依法处置其职务发明创造申请专利的权利和专利权,促进相关发明创造的实施和运用。非职务发明创造,申请专利的权利属于发明人或者设计人;申请被批准后,该发明人或者设计人为专利权人。利用本单位的物质技术条件所完成的发明创造,单位与发明人或者设计人订有合同,对申请专利的权利和专利权的归属作出约定的,从其约定。

[2]　《专利法》第 15 条规定,被授予专利权的单位应当对职务发明创造的发明人或者设计人给予奖励;发明创造专利实施后,根据其推广应用的范围和取得的经济效益,对发明人或者设计人给予合理的报酬。

[3]　《科学技术进步法》第 18 条规定,国家建立和完善科学技术奖励制度,设立国家最高科学技术奖等奖项,对在科学技术进步活动中作出重要贡献的组织和个人给予奖励。具体办法由国务院规定。国家鼓励国内外的组织或者个人设立科学技术奖项,对科学技术进步活动中作出贡献的组织和个人给予奖励。

[4]　黄柑童:"我国高校专利成果转化法律保障问题探究",广西师范大学 2018 年硕士学位论文。

彩的，达到多大程度可认定为"主要"很大程度上要由法官自由裁量。法官自由裁量虽然具有一定积极作用，如有利于发挥法官既有裁判经验，减轻其裁判负担特别是裁判文书制作负担，[1]但是也会导致认定此类发明的权利归属时，存在很大的不确定性。

如何确定职务发明的技术贡献比例、个人贡献比例以及职务发明相关产品的营业利润，在实践中最容易引起争议，也是一些单位常常用来拒绝或减少支付职务发明报酬的借口。[2]所有社会结构和社会秩序都面临着分配权利、限定权利范围、使权利相互协调等问题，而对"共同利益"作要求意味着在分配权利和行使权利时，不可以超越外部界限，因而需在权利之间作适当平衡。[3]根据第四次修正的《专利法》第15条的规定，单位应当对职务发明创造的发明人给予合理的报酬，具体的确定原则是根据发明推广应用的范围和取得的经济效益，国家鼓励单位对发明人实行产权激励。"合理性"标准为职务发明创造的发明人画了一道模糊的线，它确实体现了国家对于职务发明创造的发明人的尊重与肯定及鼓励职务发明的政策导向，但由于原则的抽象性使得其在实践过程中难以具体应用，"合理"究竟怎样确定？一件产品的价值是由多个专利共同组成的，经济效益又是由产品本身、市场营销等多因素共同决定的，怎样判断发明人在其中的作用是对法官审判水平的考验。除此之外，我国对职务发明人以约定优先为原则进行激励，而作为劳动者与单位之间的约定，怎样约定从某种意义上来说是由单位主导的，发明者个人往往处于不利的地位。

（二）司法适用的问题

上述案例中部分案件双方当事人对于违约金、赔偿额进行了明确约定，此时法院按照当事人对于合同的约定作出判决即可，这不仅节省了司法资源而且充分尊重了当事人的意思自治。但对于某些标的额较大或案情复杂的高校专利转化相关案件，当事人无法在合作开始前确定具体的赔偿额，法院就

---

〔1〕 "2019 年度高判赔额案件分析报告——以北京等八地法院高判赔额案件为样本"，载 https://mp.weixin.qq.com/s/yu9fnDC0tPAyx74wv2HsxQ，最后访问时间：2021 年 8 月 29 日。

〔2〕 "如何计算职务发明人的报酬"，载 http://www.shipa.org/ip_litigation_show.asp? id=130，最后访问时间：2020 年 9 月 14 日。

〔3〕 黄柑童："我国高校专利成果转化法律保障问题探究"，广西师范大学 2018 年硕士学位论文。

不能据此作出判决，此时各地法院的做法不尽相同，如在前文所述的"北京理工大学与乐陵市万兆科技有限公司专利技术委托开发合同纠纷案"中，法院或根据当事人申请或依职权进行审计，再根据审计结果和双方当事人责任计算确定赔偿额；而在"星洋（珠海）建材有限公司诉华南理工大学专利技术转让合同纠纷案"中，法院采取酌定的方式直接确定最终金额，对于确定过程或未在判决书中体现或只是一句话带过，不够明晰。由于法院审理思路不同，一方面对判决的公正性有一定的影响，另一方面也不利于全面维护权利人的合法利益。

毫无疑问，对于当事人未约定具体违约金数额或赔偿金额的情况，法院有职责确定一个双方都可以接受的金额以保证司法公正，所以在赔偿额的确定没有明文规定的情况下，明确法院的审判标准具有积极的意义。

（三）转化主体方面的问题

人的思想决定人的行动，上述某些案件的产生，与转化主体也存在一定的联系，主要体现为某些高校科研人员认为专利转化非常简单，自身责任义务轻松，试图做专利成果转化中的"甩手掌柜"，不愿意对专利成果转化投入时间、精力、人力等资源。部分高校科研人员认为专利转化不过是将专利技术资料交付给企业，为专利寻找一个使用者和受让者，这种轻视专利成果转化的思想是导致专利成果转化失败的因素之一，[1]也正是这个原因使部分高校忽略了专利成果转化中的"延伸责任"。这就要求高校及其科研人员端正态度，尽力、尽心促进专利成果转化。

第三节　规范我国高校专利成果转化的建议

由上文的分析可以看出，引发我国高校专利成果转化纠纷的原因是多样的，涉及立法、司法及当事人多个层面。在国家强调专利技术转化应用的形势下，如何有效地规范我国高校专利成果转化，是目前面临的重要问题。

---

〔1〕 王健："我国高校专利转化能力的比较研究——以'985 工程'大学为例"，载《中国高校科技》2015 年第 9 期，第 55~57 页。

一、立法层面：完善职务发明相关规定

（一）明晰职务发明人合理分享收益的标准

立法上应明晰职务发明人合理分享收益的标准，对于现行各项法律法规关于职务发明人收益的内容进行汇总整理，出台关于职务发明人分享收益的专门法律或法规，设置基础的、兜底的分配原则、配套措施及救济办法等，[1] 如此各地各高校才可据此和当地实际情况制定完善其规章和制度，明确具体操作细则。对于该立法的完善，笔者认为应将以下三个方面纳入考量。

第一，职务发明人之所以能够在专利中获得收益是因为其对该发明创造作出了不可忽视的甚至他人无法替代的创造性贡献，那么根据我国的分配制度，其作出的贡献越大其得到的收益也应该越多，即所谓的按劳分配。换句话说，单纯提供辅助工作的人，由于其对于完成职务发明没有作出创造性贡献，所以其分享的收益也应该减少甚至没有。同样的道理，对于一个团队中都作出了创造性贡献的人，其获得的收益也应该是不同的，可以采用现金或一定年限的分红的方式，体现出差别。对于团队中的主心骨或作出最大、最重要的突出性贡献的职务发明人，通过股份奖励是一个不错的激励方式，将专利转化成果与发明人共享可以激发其创造动力，有利于专利转化的推进。毕竟，对于某些真正的技术难关，有时候一个人的灵感与经验对于专利的贡献要超过其他所有人，此时一味地强调平均主义、团队力量等形式平等将会造成实质的不平等和不合理，那么此时也就违背了奖励职务发明人的初衷。

第二，应当对职务发明创造所产生的经济效益进行通盘考虑。比如，该职务发明创造仅是最终产品的零部件的，那么就必须考虑该发明创造在该产品或最终商品中的贡献程度从而确定其在专利转化和工业化过程中所产生的总经济效益中占有的真正比例以及作出的实质贡献。如此，才能保证企业与高校、高校与职务发明人之间的利益平衡，避免给企业及高校造成过重负担的同时给予发明人合理奖励。

第三，在考虑合理性时，还应当遵循程序正义，对于职务发明人获得的收益数额及方式应当在确定前听取发明人的意见，双方最好签订合同或达成

---

〔1〕 汤自军："高校知识产权管理存在的问题及应对策略"，载《法制与社会》2018 年第 6 期，第 182～183 页。

共识。职务发明关系具有私人关系的属性，是一种委托或雇佣关系。[1]职务发明人的单位有义务在专利成果转化之前制定关于转化后收益的分配规定或细则。该规定或细则首先不能违反上位法的规定，其次应该充分考虑发明人的需求及转化的实际状况。因此，在确定职务发明人创新收益是否合理时，应当考虑国家制定的相关法律法规及所在省份制定的地方性法规等，同时遵循民法中意思自治的原则。

（二）确保产权明晰是实现职务发明人产权激励的前提条件

产权要想有效地发挥作用，必须是可分割的，即将一项财产的纯所有权功能与各种具体用途上的权利相分离。[2]换句话说，在产权分配的过程中，确保产权明晰是对当事人进行利益分配的前提条件。同理，确保产权明晰也是实现职务发明人产权激励的前提条件，只有对产权界定清晰才能进行产权激励。

我国对于职务发明的归属是以法定权属模式来确定的，《专利法》第6条规定职务发明创造的专利权属于单位。换言之，在我国，单位是占有绝对优势地位的一方。外国对于职务发明的归属规定与我国不尽相同。例如，美国规定职务发明创造的专利权以合同约定优先，若没有合同约定，则职务发明人取得该专利的所有权，该规定最早见于1921年的司法判例，[3]同时亨德森（Henderson）[4]和埃尔芬贝（Elfenbein）[5]的研究表明，《拜杜法案》和《美国技术创新法》这两部知识产权法律推动美国高校专利转化步入了发展的快车道。《以色列专利法》第六章中对于"服务发明"也作了类似规定，同样采取约定优先原则，若没有约定，其规定和美国不尽相同，即除非雇主在

---

〔1〕何蓉、黄玉烨："私法自治原则下职务发明奖酬制度研究——关于《职务发明条例（草案）》相关规定的思考"，载《科技进步与对策》2018年第17期，第112~118页。

〔2〕［德］柯武刚、史漫飞：《制度经济学：社会秩序与公共政策》，韩朝华译，商务印书馆2000年版，第78~82页。

〔3〕郑昱、王晓先、黄亦鹏："企业职务发明激励机制法律研究"，载《知识产权》2013年第8期，第68~72页。

〔4〕R. Henderson, A. B. Jaffe, M. Trajtenberg, "Universities as a Source of Commercial Technology: a Detailed Analysis of University Patenting, 1965-1988", *The Review of Enonomics and Statistics*, 1998, 119~211.

〔5〕D. W. Elfenbein, "Publications, Patents and the Market for University Inventions", *Journal of Economic Behavior& Organization*, 2007, 688~715.

收到雇员发出的通知之日起 6 个月内放弃了该发明，否则该发明属于雇主。[1]

可见，外国对于职务发明的归属采取约定优先原则。据此，有学者提出现行的权属法定的分配模式不利于职务发明转移转化，更不能激发职务发明人的创造和转化热情，甚至会起到反作用，所以应该将法定权属变为约定优先，充分尊重职务发明人的意愿，将法定权属作为后置条款或兜底规定来适用。[2]

对于高校来讲，职务发明创造涉及高校的组织安排、资金投入及高校科研人员智力劳动的付出。因此，在明晰职务发明专利产权的过程中，不得不考虑多方利益的平衡。第一，应当明确高校职务发明专利不是一个单一的权利，其包含多项子权利。[3]笔者认为，一项职务发明专利权利包括但不限于处分权、收益权、署名权、使用权。第二，应当明确各项权利的权利主体。所谓明确权利主体不仅指要明确高校和高校科研人员之间的关系，而且职务发明人团队内部的权利也要明晰。比如，作为高校的职务发明，高校既然已经享有该发明的专利权，那么其应该也有能力将该发明的使用权和转化后的收益权分享给职务发明人。如果这样做，既不会违反我国现行法律规定，也可以极大地激励高校科研人员，促进高校专利成果转移转化。第三，明晰职务发明专利的产权应该具体到每一个具体的子权利。只有如此，高校和职务发明人乃至研究团队中的每一个人才能对自己的收益产生确定的预期，且为了这种现实可行的目标收益双方必会通力合作，推动高校专利成果转移转化，从而将预期变为现实。

二、司法角度：合理确定赔偿责任

随着我国高校专利转化项目的增多，校企合作程度加深，双方发生纠纷的案件数量也必然会增加。除此之外，随着技术水平的更新迭代，技术价值

---

〔1〕 "Israel Patent Law"（consolidated version of 2014），https://wipolex. wipo. int/en/text /341499，2019-11-27.

〔2〕 刘鑫："职务发明权利归属的立法变革与制度安排——兼评《专利法修订草案（送审稿）》第 6 条"，载《法学杂志》2018 年第 2 期，第 132～140 页。

〔3〕 张明："职务发明人合理分享创新收益的实现路径研究"，载《科学学研究》2020 年第 11 期，第 87~96 页。

不断上升，高校专利转化案件标的额也会水涨船高，一旦转化失败双方不但均无法获得预期利益，对于出资的企业方来说更容易蒙受巨大的损失。此时，违约方、过错方对于另一方的金钱赔偿就是唯一的"强心剂"，合理确定补偿金额对于当事人双方是非常必要且正当的，同时对于推动高校专利成果转化具有积极作用，有利于构建校企合作进行专利成果转化的良好氛围。

从司法实践来看，目前高校专利成果转化相关案件数量上升，在解决高校专利成果转化纠纷案件时，是否都以酌定方式确定赔偿额是一个值得关注的问题。首先，以酌定方式确定赔偿额，仅具有个案价值。如前所述，在"星洋（珠海）建材有限公司诉华南理工大学专利技术转让合同纠纷案"中，一审判决书洋洋洒洒近 2 万字，法官将裁判重点放在华南理工大学的产品标准、履行义务标准，而没有再深入挖掘双方责任分担比例，对于赔偿额的确定，则直接阐明由于华南理工大学的行为造成了星洋公司原材料、人工和其他经济损失的客观情况，酌定华南理工大学赔偿星洋公司经济损失 10 万元，且该案一审判决已经生效。这可以说明，高校专利成果转化相关案件既有的裁判经验，例如本章讨论的"山东神龙科教装备有限公司与山东师范大学专利技术转让合同纠纷案"的判赔额 1 982 629.25 元，在某种程度上会增强法官自由裁量的信心。不可否认，酌定赔偿的方式确实存在一些益处，比如其有助于减轻当事人的举证负担，但相对于获得更高赔偿金来说负担的减轻并不是大部分当事人愿意的。再者，酌定赔偿有利于法官快速结案，降低了裁判文书写作难度，可以更好地针对双方责任问题、技术问题进行说明，但是，对于当事人所关心的来说却远远不够。在诉讼中，很多案件在确定赔偿额时可能缺少相应参照或证据也是赔偿额难以确定的原因之一，而判赔额是否公平合理，并非司法经验能够简单解决，故应通过审计报告、经济分析报告等更加直观的方式经计算加以确定。

高校专利成果转化相关案件判赔额应当通过对实际损失计算加以确定。在司法实践中究竟要不要强调运用计算的方式确定损害赔偿额使其精确化？笔者认为，答案是肯定的。一方面，通过前述案例分析，确有部分案件在当事人合同约定不明的情况下通过判决书客观呈现了对双方责任承担的比例与事实及赔偿额或违约金的具体计算依据及过程，裁判说理充分详细，给出了很好的示范。可见，虽然赔偿额难以计算，但并非完全不能计算，所以调整司法审判观念是要解决的首要问题。另一方面，通过上文对时间维度的分析，

2015 年以后高校专利成功转化相关案件数量明显增多，在可见的未来相关案件持续涌现是毋庸置疑的，这就对于司法如何更加科学、合理地确定赔偿数额提出了新的挑战。但我国对于该类案件的具体赔偿标准并没有立法规定，因此我们首先要借鉴已有的相关规定类比处理。如北京市高级人民法院出台了《关于侵害知识产权及不正当竞争案件确定损害赔偿的指导意见及法定赔偿的裁判标准（2020 年）》。其中第 1.6 条"赔偿数额的阐述"规定："当事人已提出具体赔偿计算方法和相应的证据，判决书中应当评述计算方法的合理性和证据的可信度，细化阐述判决采用的赔偿计算方法，并在此基础上确定赔偿数额。"[1]这一规定是法院对于侵害知识产权案件所做的积极举措，也是司法对于赔偿数额的重视。该规定确定的尊重当事人意愿及合理采用证据用以计算的原则可以在高校专利成果转化相关案件中通用。该原则的适用极有可能改变现在酌定赔偿为主的适用现状。北京市高级人民法院于 2021 年 4 月发布的《知识产权民事诉讼证据规则指引》对于证据在对方当事人控制之下的情况也作出了规定，此时承担举证责任的当事人可以直接书面申请责令对方当事人提供。[2]据此，在专利转化案件中，企业可以明确得知高校的经费花费情况，有利于确定赔偿数额。除此之外，我们也可以从上文的部分司法案例中总结出一些裁判原则或流程予以推广适用：①在庭审中充分利用审计报告或经济分析报告，通过官方的审计调查确定企业的先期投入以此作为赔偿额计算的依据；②将双方责任分配量化，在充分论述双方权利义务完成的情况下厘清责任关系，确定各自承担的比例，并将其延伸到违约损害赔偿金额上面。

三、其他措施

（一）加强对专利转化相关合同的管理

通过上文我们可以发现，一些高校专利转化失败的原因是当事人双方忽视了专利成果转化中的"延伸"责任，尤指双方合同订立不明、约定不清，为此当事人在合同订立过程中明确背景知识产权的使用是推进专利成果转化

---

〔1〕 北京市高级人民法院《关于侵害知识产权及不正当竞争案件确定损害赔偿的指导意见及法定赔偿的裁判标准（2020 年）》。

〔2〕《知识产权民事诉讼证据规则指引》。

的关键一环。

背景知识产权是指在科技成果转化或科技合作过程中，由一方所拥有的并且因转化或合作研究目的而提供给另一方使用的知识产权。构成背景知识产权，通常需要同时具备两个条件：一是该知识产权是当事人在签订转化合同或科技合作合同之前所拥有的；二是该知识产权须为转化或合作研究所必需。[1]

关于其界定方式主要有如下三种：一是内涵式界定；二是列举式界定；三是内涵式与列举式相结合的界定方式。[2]所谓内涵式界定，即仅对背景知识产权的概念进行定义，但不具体列举合同当事人的哪些具体知识产权属于背景知识产权，比如可以将其定义为合同当事人在合同签订之前所拥有的且为专利成果转化过程中或技术研究开发所必需的知识产权；所谓列举式界定，即不对背景知识产权的概念进行界定，但具体列举出合同当事人所拥有的哪些知识产权属于背景知识产权。内涵式界定方法的优点是能够将合同人所有的与合同有关的知识产权都纳入背景知识产权，这样可以使背景知识产权的利用者（一般是企业）获得更多的权利，但缺点是企业不可能掌握高校所拥有的知识产权信息，同时对于高校来说也可能存在一定风险。比如高校的某些不为专利转化所必需的知识产权也可能会被要求纳入背景知识产权。因此，仅仅用内涵式方式确定的背景知识产权的范围、内容可能会模糊不清和不确定。列举式方法的优点是可以使背景知识产权的范围和内容具体、明确，但缺点是在签订转化协议或技术开发协议时，企业和高校还不能完全确定需要用到哪些知识产权，所以可能会漏掉一些需要使用的知识产权。笔者认为，此时应使用内涵式与列举式相结合的界定方式，即首先对背景知识产权的概念进行定义，然后在合同正文或以附件形式列明高校的哪些知识产权属于背景知识产权。同时规定，对于没有在清单中明确列明的但为执行合同所必需的知识产权亦属于背景知识产权。

同时，还需注意的是，在高校专利成果转化中，合同当事人一般为高校自身和企业，但真正涉及该合同的往往是高校或研究机构的某个系、研究室

---

〔1〕　尹锋林：《新〈促进科技成果转化法〉与知识产权运用相关问题研究》，知识产权出版社2015年版，第15~17页。

〔2〕　尹锋林：《新〈促进科技成果转化法〉与知识产权运用相关问题研究》，知识产权出版社2015年版，第15~17页。

或课题组，所以在签订合同时就需要当事人确定是将该高校所有的与合同有关的知识产权作为背景知识产权还是仅将高校或研究机构的特定系、特定研究室或课题组的与合同有关的知识产权作为背景知识产权。这种区分和明确，对内部各院系部门之间交流较少的高校而言是非常必要的。

（二）提升我国高校科技成果转化服务能力

在目前科技成果转化服务体系不完善，中介机构与高校和企业联系不密切，规模小且人员素质不高的情况下，对于高校一方，有必要提高自身专利成果转化水平，加强对校内专利成果转化的服务。[1]具体可以从校内和校外两个方面来展开。

校内主要针对类似复旦大学、四川大学等综合性高校以及发展较全面的理工科高校如清华大学、上海交通大学。这两类高校一般拥有独立的技术研发和转化能力，同时又拥有知识产权或法学类课程及专业人才。对于这两类高校而言，如果能够合理运用自身的优势，将技术人员和法学、知识产权相关人才进行交流整合，比如建立校内知识产权服务办公室或科技成果转移转化办公室，[2]为高校科研人员提供知识产权服务，如寻找目标企业、合同处理、搭建企业与高校交流平台等，必然会促进高校专利成果转移转化，提高高校科研人员的工作效率和创新动力。这样从一定程度上就可以减轻科研人员的负担，使其专心投身于技术研发转化中。以山东理工大学为例，2017年其以5.2亿元的高价与某企业签订《专利技术独占许可合同》实现了专利成果的成功转化，但为了促成该交易，该科研团队前后经历七年的专利申报及转化时间，同时由于山东理工大学自身没有专利申请的专业团队，市场上又缺乏既懂知识产权保护又精通该专利相关技术的中介机构导致该技术一直未能成功申请专利，后来科研团队求助校领导，副校长亲自给国务院写信，由国家知识产权局派出精兵强将组成知识产权服务团队才完成了专利申请工作。[3]由此可见，提高高校自身专利服务能力是解决相关问题的根本方法。

---

〔1〕 杨洋："我国高校专利转化的现状、问题及对策研究"，中南大学2014年硕士学位论文。

〔2〕 Dagmara M. Weckowska, "Learning in University Technology Transfer Offices: Transactions-Focused and Relations-focused Approaches to Commercialization of Academic Research", *Technovation*, Vol. 41 ~ 42, 2015, pp. 62~74.

〔3〕 尹锋林：《新〈促进科技成果转化法〉与知识产权运用相关问题研究》，知识产权出版社2015年版，第87页。

　　校外方面针对我国大多数高校，即使是对于上述的综合性高校和部分理工科高校而言，校外方面也只是一个补充，毕竟高校本身作为一个主要职能为教育的单位其自身总是有极限的，这时就需要校外社会机构的帮助与介入。而对于其他高校，校外机构的帮助无疑是助力高校专利成果转化的催化剂。比如，高校可以和某些专利代理机构建立战略合作伙伴关系，目前这种模式已经应用于我国一些高校中，但是该模式还不够成熟，需要进一步完善。一方面体现在我国专利代理机构自身不专业，无法针对高校的具体情况提供针对性服务；另一方面在于高校和专利代理机构合作不畅，沟通不明，效果达不到预期。[1]真正能在高校专利成果转化中起到决定性作用的专利代理机构数量远远不足。

　　除此之外，高校知识产权管理人员的素质也要相应地提高。高校知识产权管理人员作为高校、科研人员与企业沟通的桥梁，承担着具体管理和运营高校知识产权工作的任务，其工作水平和综合素质的高低直接影响高校知识产权工作的开展。所以，要提高高校知识产权管理人员的专业知识及其对市场的敏锐度，同时还要提高其知识产权管理服务能力，不断增强其知识产权的服务意识。

---

　　[1]　叶惠玲："基于高校专利转化模式与机制的思考"，载《产业与科技论坛》2018年第1期，第225~226页。

本书各章参考文献

第一章　参考文献

（1）李维超："科技成果转化的法律问题研究"，东北大学 2011 年硕士学位论文。

（2）李雅、郭亚军、王国辉："高校科技成果统计中几个重要概念辨析与思考"，载《科技管理研究》2011 年第 8 期。

（3）刘德刚、牛芳、唐五湘："'科技成果'一词的起源、演变及重新界定"，载《北京机械工业学院学报》2004 年第 2 期。

（4）杨庆华、陈洁、孙占平："论科技成果的分类"，载《科技·人才·市场》1996 年第 3 期。

（5）张黎："非法窃取、泄露技术秘密，如何承担法律责任？"，载《中国科技信息》1993 年第 11 期。

（6）翟晓舟、马治国："科技成果转化主体之立法偏差研究"，载《西安电子科技大学学报（社会科学版）》2015 年第 4 期。

（7）周菡："高校科技成果转化法律制度的研究"，载《法制与社会》2017 年第 23 期。

第二章　参考文献

（1）冯添："专利法修改：为自主创新赋能"，载《中国人大》2021 年第 2 期。

（2）孟祥利、曹源、王巨汉："高校科技成果转化的困境与对策"，载《中国高校科技》2020 年第 9 期。

（3）陈瑞爱："深入落实《促进科技成果转化法》，促进产业协同发展"，载《中国科技产业》2021 年第 2 期。

（4）吴寿仁："科技成果转化若干热点问题解析（十五）——如何选择科技成果转化方

式?"，载《科技中国》2018 年第 8 期。

（5）吴寿仁："科技成果转化若干热点问题解析（二十三）——科技成果转化评价方式与评价政策导读"，载《科技中国》2019 年第 4 期。

（6）中国科技成果管理研究会、国家科技评估中心、中国科学技术信息研究所编著：《中国科技成果转化年度报告 2018（高等院校与科研院所篇）》，科学技术文献出版社2019 年版。

（7）中国科技评估与成果管理研究会、国家科技评估中心、中国科学技术信息研究所编著：《中国科技成果转化年度报告 2019（高等院校与科研院所篇）》，科学技术文献出版社 2020 年版。

（8）中国科技评估与成果管理研究会、国家科技评估中心、中国科学技术信息研究所编著：《中国科技成果转化年度报告 2020（高等院校与科研院所篇）》，科学技术文献出版社 2021 年版。

第三章　参考文献

（1）吴肖梦："高校经费资源对其办学绩效表现的影响研究"，浙江大学 2016 年硕士学位论文。

（2）桑娇阳："我国职务发明奖酬制度研究"，苏州大学 2018 年硕士学位论文。

（3）黄苏凤："中南大学'学科性公司制'科技成果转化模式研究"，广西大学 2008 年硕士学位论文。

（4）谢乒、梁成意："契约自由导向下的职务发明权属制度重构"，载《山西师大学报（社会科学版）》2018 年第 2 期。

（5）刘鑫："职务发明权利归属的立法变革与制度安排——兼评《专利法修订草案（送审稿）》第 6 条"，载《法学杂志》2018 年第 2 期。

（6）陈宝明："《促进科技成果转化法》修订的意义与主要内容"，载《中国高校科技》2016 年第 Z1 期。

（7）邬晨牧："我国职务发明奖酬立法现状探究"，载《湖南科技学院学报》2017 年第 9 期。

（8）侯媛媛、刘艳丽："'适度放权'科技成果权利归属政策对国防科技工业的启示"，载《中国军转民》2020 年第 8 期。

（9）潘志浩："关于高校实行职务发明专利权属共有的思考"，载《中国高校科技与产业化》2010 年第 7 期。

（10）纵浩、董如何："高校知识型员工的知识激励机制探析"，载《今日科苑》2008 年第18 期。

（11）张万彬："高校科技成果转化之法律障碍及对策研究"，载《文化学刊》2011 年第

4 期。

（12）黄莉："浅谈中国高校职务发明奖酬制度"，载《科技与创新》2019 年第 19 期。

（13）《中南大学知识产权管理办法（试行）》。

（14）《北京交通大学知识产权管理办法（试行）》。

（15）《北京大学科学技术成果奖励办法》。

（16）《北京交通大学专利资助奖励管理办法》。

第四章　参考文献

（1）刘伟、杨麒渊、童洪志："科技成果资产证券化途径及其策略研究"，载《科技管理研究》2015 年第 15 期。

（2）王莲峰、吕红岑："商标资产证券化中基础资产的选择探究"，载《电子知识产权》2019 年第 1 期。

（3）郑宏飞："我国知识产权证券化税制的法律困境与完善建议"，载《西南金融》2018 年第 10 期。

（4）贺琪："论我国知识产权资产证券化的立法模式与风险防控机制构建"，载《科技与法律》2019 年第 4 期。

（5）康旭东、张心阳、杨中楷："美国国家科学基金会促进高校科技成果转化的措施与启示"，载《中国科学基金》2021 年第 3 期。

（6）宋寒亮："知识产权证券化的立法实现"，载《社会科学战线》2021 年第 4 期。

（7）张芬："美英日资产证券化监管模式对我国的启发"，载《现代经济信息》2020 年第 9 期。

（8）贺琪："知识产权资产证券化立法模式选择——基于国外立法模式考察的思考"，载《电子知识产权》2019 年第 8 期。

（9）姜增明、陈剑锋、张超："金融科技赋能商业银行风险管理转型"，载《当代经济管理》2019 年第 1 期。

（10）孟珍："知识产权证券化的日本经验与中国启示——以法律制度与实践的互动为视角"，载《南京理工大学学报（社会科学版）》2018 年第 4 期。

（11）黄汉江主编：《投资大辞典》，上海社会科学院出版社 1990 年版。

（12）仇海珍："美国知识产权证券化法律制度研究"，复旦大学 2012 年硕士学位论文。

（13）李祖山："知识产权证券化若干法律问题研究"，华侨大学 2014 年硕士学位论文。

（14）"厉害！吉利汽车 IPO 启动，32 项核心技术，9332 项专利！数量居科创板之首"，载 https://www.sohu.com/a/416705386_120619654？referid=0004，最后访问时间：2021 年 8 月 25 日。

（15）《2019 年中国专利调查报告》，载国家知识产权局官网：https://www.cnipa.gov.cn/

module/download/down. jsp？i_ ID＝40213&colID＝88，最后访问时间：2021 年 8 月 25 日。

(16) "重磅！国内首个知识产权与金融融合 ABS：文科一期深度解析"，载 https://www.sohu.com/a/336938922_ 100097462，最后访问时间：2021 年 8 月 30 日。

(17) "知识产权 ABS 即将启幕，'软实力'企业融资渠道再创新"，载 https://www.sohu.com/a/203242481_ 99990182，最后访问时间：2021 年 8 月 30 日。

第五章　参考文献

(1) 中国科技成果管理研究会、国家科技评估中心、中国科学技术信息研究所编著：《中国科技成果转化年度报告 2018（高等院校与科研院所篇）》，科学技术文献出版社 2019 年版。

(2) 中国科技评估与成果管理研究会、国家科技评估中心、中国科学技术信息研究所编著：《中国科技成果转化年度报告 2019（高等院校与科研院所篇）》，科学技术文献出版社 2020 年版。

(3) 中国科技评估与成果管理研究会、国家科技评估中心、中国科学技术信息研究所编著：《中国科技成果转化年度报告 2020（高等院校与科研院所篇）》，科学技术文献出版社 2021 年版。

(4) 张显伟："高校规范性文件法治化的诉求"，载《政治与法律》2019 年第 11 期。

(5) 徐靖："高校校规：司法适用的正当性与适用原则"，载《中国法学》2017 年第 5 期。

(6) 龚敏、江旭、高山行："如何分好'奶酪'？基于过程视角的高校科技成果转化收益分配机制研究"，载《科学学与科学技术管理》2021 年第 6 期。

(7) 刘华翔、刘周成、白凤："南京航空航天大学产学研运行模式浅析"，载《中小企业管理与科技（下旬刊）》2015 年第 3 期。

(8) 吴寿仁："科技成果转移转化系列案例解析（四）——上海交通大学科技成果转移转化案例分析"，载《科技中国》2020 年第 4 期。

(9) 朱箭容、王子敏："创新驱动战略视角下高校科技成果转化机制改革研究"，载《现代管理科学》2018 年第 12 期。

(10) 徐丹："应用型大学产学研活动必要性研究初探"，载《科学咨询（教育科研）》2021 年第 7 期。

(11) 纪国涛："基于政府引领的高校科技成果转移转化对接平台研究"，载《中国高校科技》2019 年第 10 期。

(12) 任海涛、雷槟硕："高校科研成果市场转化的法治保障研究"，载《复旦教育论坛》2018 年第 5 期。

(13) 王江哲、刘益、陈晓菲："产学研合作与高校科研成果转化：基于知识产权保护视角"，载《科技管理研究》2018 年第 17 期。

（14）黄瑞雪、秦虹、王一任："高校科技成果转化的困境与出路——基于《促进科技成果转化法》的视角"，载《中国高校科技》2017年第4期。

（15）钟卫、陈宝明："中国高校科技成果转化绩效评价研究"，载《中国科技论坛》2018年第4期。

（16）李天柱、侯锡林、马佳："基于接力创新的高校科技成果转化机制研究"，载《科技进步与对策》2017年第3期。

（17）"四川大学不断探索促进科技成果转化新举措"，载 https://news.scu.edu.cn/info/1146/29388.htm，最后访问时间：2021年8月4日。

第六章　参考文献

（1）［美］E.博登海默：《法理学：法律哲学与法律方法》，邓正来译，中国政法大学出版社1999年版。

（2）［德］柯武刚、史漫飞：《制度经济学：社会秩序与公共政策》，韩朝华译，商务印书馆2000年版。

（3）刘纯林："高校专利转化法律保障影响因素及其完善措施"，载《中国高校科技》2015年第6期。

（4）黄吉胜："我国高校专利转化的问题及对策研究"，载《科技与管理》2016年第3期。

（5）李蕊等："浅谈新时代中国高校成果转化面临问题及对策建议"，载《中国发明与专利》2020年第6期。

（6）王健："我国高校专利转化能力的比较研究——以'985工程'大学为例"，载《中国高校科技》2015年第9期。

（7）汤自军："高校知识产权管理存在的问题及应对策略"，载《法制与社会》2018年第6期。

（8）何蓉、黄玉烨："私法自治原则下职务发明奖酬制度研究——关于《职务发明条例（草案）》相关规定的思考"，载《科技进步与对策》2018年第17期。

（9）郑昱、王晓先、黄亦鹏："企业职务发明激励机制法律研究"，载《知识产权》2013年第8期。

（10）刘鑫："职务发明权利归属的立法变革与制度安排——兼评《专利法修订草案（送审稿）》第6条"，载《法学杂志》2018年第2期。

（11）张明："职务发明人合理分享创新收益的实现路径研究"，载《科学学研究》2020年第11期。

（12）徐明波："如何畅通高校科技成果转化体制机制——以一项技术专利成功转化为例"，载《中国高校科技》2020年第5期。

（13）叶惠玲："基于高校专利转化模式与机制的思考"，载《产业与科技论坛》2018年第

1 期。

（14）杨洋："我国高校专利转化的现状、问题及对策研究"，中南大学 2014 年硕士学位论文。

（15）黄柑童："我国高校专利成果转化法律保障问题探究"，广西师范大学 2018 年硕士学位论文。

（16）"2019 年度高判赔额案件分析报告——以北京等八地法院高判赔额案件为样本"，载 https://mp.weixin.qq.com/s/yu9fnDC0tPAyx74wv2HsxQ，最后访问时间：2021 年 8 月 29 日。

（17）《北京市高级人民法院关于侵害知识产权及不正当竞争案件确定损害赔偿的指导意见及法定赔偿的裁判标准》。

（18）陈扬跃、马正平："专利法第四次修改的主要内容与价值取向"，载《知识产权》2020 年第 12 期。